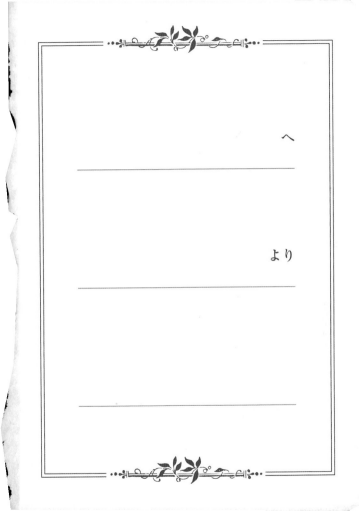

Prayers from the Heart - One-Minute Devotions® by Karen Moore
Originally published by Christian Art Gifts, RSA under the title
Prayers from the Heart.
Japanese edition © 2018 by Japan Bible Society with permission of
Christian Art Gifts.
Japanese edition © 2022 by Japan Bible Society with permission of
Literary Managemant Group.
All Rights Reserved.

1分間の黙想　心からの祈り

カレン・ムーア 著

サイトウヤスヒロ 画

日本聖書協会 訳

『聖書 新共同訳』©共同訳聖書実行委員会 ©日本聖書協会 1987

1月 5日「罪 咎を赦され」『新聖歌』266番 ©中田羽後（教文館）

3月21日「素晴らしきものすべてを」©Oxford University Press

3月26日「あるがままわれを」『讃美歌21』433番 ©日本基督教団讃美歌
委員会

4月10日／5月11日『使徒教父文書』荒井献 編 ©講談社

6月14日「なぜこの私に」『ひむなる』67番 ©ひむなる委員会

9月24日『教義学要綱』カール・バルト 著 井上良雄 訳 ©新教出版社

9月27日「恵み深き主よ」（邦訳）『日本聖公会歌集』511番 ©日本聖公会

2018年11月1日　初版発行

2022年10月1日　第4刷

ISBN 978-4-8202-9264-7

Printed in China

発行：一般財団法人 日本聖書協会

東京都中央区銀座四丁目5-1

電話：03-3567-1987

https://www.bible.or.jp/

JBS-ed.4-3,000-2022

乱丁本・落丁本はお取り替えいたします。本書を無断で複写・複製・転載することを禁じます。

１分間の黙想

心からの祈り

カレン・ムーア

日本聖書協会

主は羊飼い、わたしには何も欠けることがない。
主はわたしを青草の原に休ませ
憩いの水のほとりに伴い
魂を生き返らせてくださる。

主は御名にふさわしく
わたしを正しい道に導かれる。
死の陰の谷を行くときも
わたしは災いを恐れない。
あなたがわたしと共にいてくださる。
あなたの鞭、あなたの杖
それがわたしを力づける。

(詩編 23 編 1-4 節)

たゆまず祈る

　あなたはずっと祈ってきました。手を伸ばせば触れられる
ほど神が近くにおられ、何でも聞いていただけると信じられ
るときもあるでしょう。また一方、そうは感じられないとき
もあると思います。わたしのことを神は本当に知っておられ
るのだろうか、同じことを長年祈り続けているのに、と。

　あなたが日々、あなたを造られた方の前に頭を垂れるとき、
そばに置いて励ましを受けていただくために、この本を書き
ました。毎日の祈りを聞いてくださる主にとって、あなたは
本当に大切なのだということを、お分かりいただけると思い
ます。

　この本では、その日一日、心に思い巡らしていただきたい
祈りに加えて、あなたと同じことを祈ってきた先人たちのす
ばらしい祈りも紹介しています。

　この本の助けを借りて、どんなに絶望的な状況にあっても
奇跡を求め、望みがかなうよう、たゆまず祈り続けてくださ
い。たゆまず祈れば、自分の置かれている状況について、もっ
と深く、平安のうちに考えることができるようになることで
しょう。

　祈ることによって、人生のさまざまな出来事にどのように
向き合えばよいか分かります。導きに従って行動する、口を
つぐむべきときに黙る、声を上げるべきときに上げる、など

です。行動するより、ただ祈ることが最善であることもあります。祈りを通して、「新しい道に進むように」と神が示されることもあります。

この本の祈りと黙想を通して、あなたが神に自分を委ねることができますように。主は、あなたの中の最良のものを引き出すように、祈りに答えてくださいます。そのことを、あなたが信じることができますように。

自分の力だけで努力したり、心配したりせずに、休むことなく祈り続け、天の父にあなたのすべての思い煩いを委ねましょう。主はあなたのことを直接に気にかけ、愛してくださるからです。神が日々、またいつまでも、その御手と御心の中にあなたを捉えてくださいますように。

祈りと愛をもって
カレン・ムーア

1月

求めなさい

求めなさい。そうすれば、与えられる。探しなさい。そうすれば、見つかる。門をたたきなさい。そうすれば、開かれる。

(マタイによる福音書7章7節)

　愛する主よ、どのように祈ったらよいか分からないことがあります。はっきりとした答えが得られないときにも御声を聞くことができるよう、助けてください。問題が解決しないように思えるときも、わたしの心があなたから離れないようにしてください。あなたの知恵をもってわたしを導き、新しい可能性の扉を開いてください。

　答えや選択肢が簡単に見つからなくても、主よ、あなたはいつも、わたしが置かれた状況に働きかけてくださいます。必要なことはあなたがご存じです。どうぞ近くにいて、わたしを強めてください。アーメン。

我々はたゆまず信じ続けなければならない。いずれ全能の主が我々の努力に成功の栄冠をかぶせてくださる。

—— ウィリアム・ウィルバーフォース

知恵がある人

心に知恵ある人は聡明な人と呼ばれる。
優しく語る唇は説得力を増す。
（箴言 16 章 21 節）

　愛する主よ、わたしたちは、自分の目に見えるものに頼って物事を理解しようとしがちです。けれどもあなたは、この世の方法ではなく、知恵をもって深く理解する恵みを、聖霊を通して与えてくださいました。
　祈りの答えを頂くとき、あなたがわたしの人生のうちにおられることが分かります。そして、あなたがわたしの声を本当に聞いてくださることを、信じることができます。主よ、あなたに近づけば近づくほど、わたしの人生のためのあなたのご計画が分かるようになります。
　主よ、大切なことを理解する知恵を与えてくださり、感謝します。わたしが祈るとき、近くにいてくださり、ありがとうございます。アーメン。

　　　　　　真の知恵とは、神を見つめることだ。
　　　　　　　　　　　　　　—— シリアのイサアク

祈りの力

わたしたちの内に働く御力によって、わたしたちが求めたり、思ったりすることすべてを、はるかに超えてかなえることのおできになる方に、…栄光が世々限りなくありますように。

(エフェソの信徒への手紙3章20-21節)

愛する主よ、あなたはわたしが願う以上のことをする力を持っておられます。あなたはわたしの想像を超えることをなさいます。

わたしには、あなたの力の大きさを測ることはできず、それを完全に理解することさえできません。けれども、宇宙を設計し、ただ一言で存在させたあなたは、わたしの人生をもデザインする力をお持ちです。あなたは、わたしのことも、わたしの周りの状況も、作り変えることがおできになる方です。

神よ、あなたを賛美します。あなたの力強い、愛に満ちた聖霊がわたしを強め、今このときも助けてくださっていることに、感謝します。アーメン。

我々は、神のすべての資源を自由に用いることを許されている！

—— ジョナサン・ゴーフォース

とりなしの祈り

わたしもまた、あなたたちのために祈ることをやめ、主
に対して罪を犯すようなことは決してしない。
(サムエル記上 12章23節)

　父よ、周りの人たちの必要を思うと、心がいっぱいになり
ます。病気や悩みで苦しんでいる人たちが再び立ち上がり、
新しく人生を始めることができるよう、あなたの優しい御手
をもって助けてください。この人たちに、あなたの慰めと愛
を目に見える形で感じさせてください。
　わたしの友人、家族、近所の人、同僚が、今日どこにいて、
どのようにあなたを必要としていても、あなたが共にいてく
ださいますように。
　いつも人のことを気にかけ、手を差し伸べることができる
よう、わたしを助けてください。人に、そしてあなたに、よ
りよく仕えることができますように。主よ、ありがとうござ
います。アーメン。

イエス・キリストは、天で我らのためにとりなす。聖霊は、
地上で我らのうちにあってとりなす。我ら聖なる者たちも、
すべての人のためにとりなし続けなければならない。
　　　　　　　　　　　―― オズワルド・チェンバーズ

救いの確信

信頼しきって、真心から神に近づこうではありませんか。
（ヘブライ人への手紙 10 章 22 節）

　主よ、愛と救いの確信を絶えず与えてくださり、ありがとうございます。今日何があっても、あなたはすでにわたしの前を歩いておられ、すべてを治めてくださっています。
　わたしのすることすべてに御手を見ることができるよう、助けてください。わたしに授けてくださった賜物を、人と分かち合うことができますように。いつも平安のうちにあることができますように。
　あなただけが、今日わたしにいちばん必要なことをご存じです。わたしのすべての歩みを、あなたが祝福してくださいます。その確信のうちに、わたしは憩います。アーメン。

　　　　罪咎を赦され　神の子となりたる
　　　　　わが魂の喜び　比べ得るものなし
　　　　日もすがら証せん　夜もすがら主をほめん
　　　　「御救いは妙なり　御救いは奇し」と

　　　　　　　　　　——ファニー・クロスビー

新しく始める

主を畏れることは知恵の初め。
これを行う人はすぐれた思慮を得る。
（詩編 111 編 10 節）

　愛する主よ、新しい一日や新年など、あなたはいつも、新しく始める機会を与えてくださいます。わたしたちは生活の変化を嫌い、始めることに抵抗するものです。けれども、あなたはご存じです。新たな挑戦とは、すばらしいものなのだということを。

　今日はまず、あなたがどんなに大切か、いつにも増して感謝することから、始めさせてください。すべてのことを、まるで初めてのことのように始めさせてください。新しい方法やチャンスを与え、ゴールを目指し続ける力を与えてください。

　あなたがわたしのうちに始めてくださったことに、さらなる喜びを加え、今日の日を祝福してください。アーメン。

　道の始まりを選ぶ人は、その終わりをも選んでいる。結果を決めるのは、そこに至る方法である。
　　　　　　　　　　—— ハリー・エマソン・フォスディック

人格を築く

思い違いをしてはいけない。「悪いつきあいは、良い習慣を台なしにする」のです。
　　　　　（コリントの信徒への手紙一 15 章 33 節）

　愛する父よ、あなたは、わたしがあなたの召しにふさわしい人格を形づくることを助けてくださいます。古い自分に引き戻そうとする人たちに惑わされることがないよう、支えてください。わたしを生涯養う祈りと礼拝の習慣を築くことができるよう、助けてください。

　あなたはわたしのことをすべてご存じです。そして、わたしのために特別な計画を持っておられます。いつでもあなたの召しにふさわしい者としてください。危険な道への誘惑があっても、向きを変えることができるよう、助けてください。あなたという土台、固い岩の上に、わたしの人格を築き上げたいのです。アーメン。

　　わたしはこの地の信頼のおける人々に目を留め
　　　　　わたしと共に座に着かせ
　　完全な道を歩む人を、わたしに仕えさせます。
　　　　　　　　　　　　　　　（詩編 101 編 6 節）

知恵と良識を

彼に神の霊を満たし、どのような工芸にも知恵と英知と
知識をもたせ、
(出エジプト記 31 章 3 節)

　愛する主よ、知恵と英知と知識を与えてください。考えの足りない言動で後悔することがあります。良識を持つことは、わたしにとってよいだけではなく、それをもってあなたによりよく仕えることができます。ですから今日祈ります。わたしに知恵と良識を与えてください。
　人々を導くときも仕えるときも、教えるときも学ぶときも、立場にかかわらず、今日なすすべての中に価値を見いだすことができるよう、助けてください。大きなことにも小さなことにも、良識を働かせる意志を与えてください。アーメン。

　すべての人は働き、神の導きを求めなければならない。
　　　　　　　　　　　　　—— ドワイト・L・ムーディ

すべてを委ねる

熱くも冷たくもなく、なまぬるいので、わたしはあなたを口から吐き出そうとしている。
　　　　　　　（ヨハネの黙示録3章16節）

　天の父よ、わたしの人生を完全にささげることがわたしの願いです。けれども、まだ、わたしのすべてを委ねてはいません。どうか、すべてを委ねることができるよう助けてください。あなたの道に自分を委ねれば委ねるほど喜びが増すことを、わたしに分からせてください。
　わたしはあなたの子どもです。人生に何があろうとも、完全にあなたのものになりたいのです。そのための一歩を踏み出せるよう、慈しみと憐れみを与えてください。
　あなたに自分をささげようとする一人一人と共にいてください。あなたをもっと知ることができますように、アーメン。

　　　　わたしはとこしえにこのことを語り継ぎ
　　　　ヤコブの神にほめ歌をささげます。
　　　　　　　　　　　　　　（詩編75編10節）

あなたと同じ夢

> 老人は夢を見、若者は幻を見る。
> （ヨエル書3章1節）

　主よ、わたしは見果てぬ夢を見、手に入らないものを望んできました。けれども、あなたから来ていない夢は手放すことができるように、助けてください。そして、わたしの心の奥深くにあなたが植えてくださった夢は、しっかりと握って離さずにいられますように。

　あなたはご自身の夢をわたしの心に置いてくださいました。あなたはわたしを通し、その夢をかなえようとされています。わたしにも、あなたと同じ夢を見させてください。あなたと共に、御業を成し遂げることができますように。

　あなたは、わたしの人生のために計画をお持ちです。それをふさわしい時に知ることができますように。あなたがこの地上で用意してくださっているものを、さらに求めることができますように。あなたの祝福と愛を祈り求めます。アーメン。

> 強く願うならば、夢はかなう。すべてを犠牲にすれば、人生で望むものすべてが手に入る。「あなたは何を求めるか」と神は言う。「祈れ、そして得よ」と。
> ——ジェームス・マシュー・バリー

心を新たに

心の底から新たにされて、
（エフェソの信徒への手紙 4 章 23 節）

　愛する父よ、徳を高めない思いに陥っても、自覚できないことがあります。けれども、それに気付いて自分の態度を変えると、状況はよい方に向かいます。
　主よ、今日、わたしたちの思いにあなたの息を吹き込み、わたしたちの心を変えてください。あなたの完全な守りの中で生きることができるよう、わたしたちを助けてください。
　あなたに不可能はありません。あなたが共にいてくだされば、新しいチャンスがあります。どんな小さなことにもあなたに信頼することができるよう、支えてください。わたしの心を、あなたへの絶えざる賛美へと変えてください。アーメン。

すばらしいことに、わたしたちは、その日どのような態度で過ごすのかを自ら選ぶことができる。
　　　　　　　　　　　　　　—— チャールズ・スウィンドル

未来は主のもの

明日のことまで思い悩むな。明日のことは明日自らが思い悩む。
　　　　　　　　　　　（マタイによる福音書6章34節）

　愛する主よ、わたしは、愚かにも先のことを思い悩んでしまいます。今日あなたに願います。わたしが「今」を生き、明日のことは御手に委ねることができますように。わたしの弱さを赦し、変わらない慈しみを与えてください。
　主よ、わたしの心と行動を見守ってください。わたしが愛する人たちを、お守りください。信仰に堅く立ち、何をしてもあなたによって心が満たされ、心配を手放すことができますように。主よ、あなたの御旨とご計画に従って、わたしたちの人生を祝福してください。このすべてを、イエスの名によってお願いいたします。アーメン。

それぞれの置かれた場所で神の子として見いだされることは、すばらしいことだ。神の子は、毎日を人生最後の日であるかのように生きる。同時に、世界が100年続くかのように、未来を描くことができる。
　　　　　　　　　　　　　　　　　　——C・S・ルイス

新しい習慣

クシュ人は皮膚を
豹はまだらの皮を変ええようか。
それなら、悪に馴らされたお前たちも
正しい者となりえよう。
(エレミヤ書 13 章 23 節)

　主よ、悪い習慣からわたしを解放してください。それはあなたに仕えるものではありません。悪い習慣を克服する意志をわたしに与え、強めてください。新しい習慣を築くことができるよう、助けてください。そして、あなたが与えてくださる力、目的意識、喜びを、人にも分け与えることができますように。

　命を衰えさせるような悪習に捕らわれているすべての人を、今日、あなたが解き放ってください。古い自己を捨て、新しい目標を持ち、新しい者となることができますように。よりよい自分、あなたが願っておられるような存在にならせてください。主よ、あなたの恵みと助けに感謝します。アーメン。

　くぎは別のくぎで打たれると抜ける。悪習はよい習慣に駆逐される。

―― デジデリウス・エラスムス

変化への意志

だれも、新しいぶどう酒を古い革袋に入れたりはしない。
(マルコによる福音書 2 章 22 節)

　愛する主よ、わたしたちの多くは、変化というものにあらがうものです。慣れていることにほっとし、予測どおりに物事が進むと安心します。お気に入りのレストランで、新しい料理がメニューに加わるのは構わないけれど、いつもの料理がなくなっては困るのです。
　変化は理解できないほど急にやって来ることがあります。こうした変化は、よしあしにかかわらず、受け止めがたいものです。人生があまりに急に変わるとき、わたしたちは圧倒されてしまいます。
　主よ、あなたがわたしたちの人生にもたらしたいと思っておられる変化を、わたしたちが受け入れることができますように、アーメン。

　　主よ、わたしたちが間違っているときには、変わる意志を持たせてください。正しいときには、そのまま生きることができるようにしてください。

―― ピーター・マーシャル

平安な心

平和を実現する人々は、幸いである、
その人たちは神の子と呼ばれる。
（マタイによる福音書5章9節）

　平和の神よ、あなたの恵み深い聖霊をわたしたちの上に降らせ、あなたの驚くべき平安で、わたしたちを満たしてください。あなただけが、わたしたちを清くしてくださいます。あなたはわたしたちの必要をすべてご存じで、先に立って歩き、道を作ってくださいます。

　主よ、御前に静まることができますように。必要なものはすべて与えられ、「恐れることはない」と信じることができますように。今日、あなたから与えられた平安をもってすべてに当たることができるよう、助けてください。そうすれば、わたしたちは人にとっての祝福となるでしょう。

　主よ、わたしたちは、いとも簡単に人生のカオスに押し流されてしまいます。今日、混乱からわたしたちを遠ざけ、もっとあなたに近づかせてください。イエスの名によって、アーメン。

　まず自分の心を平安にせよ。人の心を平安にするのはその後だ。平安で忍耐強い人は、学があっても平安のない人より自他の益になる。

　　　　　　　　　　　　　—— トマス・ア・ケンピス

明るい顔で！

心に喜びを抱けば顔は明るくなり…
（箴言 15 章 13 節）

　父よ、あなたに賛美と誉れをささげる理由を、こんなにも多く与えてくださり、ありがとうございます。わたしの人生を喜びで満たす、数え切れないほどの恵みに感謝します。
　あなたはわたしに必要なすべてのものを、与えてくださいました。それどころか、わたしが必要とする以上のものも、あなたは喜んで与えてくださいました。あなたは本当に慈しみ深く、優しい方です。
　今日、本当の幸福と永遠の聖霊をもって、わたしの家族や友人たちを祝福してください。疑いや悲しみに代わって、明るい心を与えてください。よき訪れを求めて長く懸命に祈ってきた人には、よき訪れがありますように。今日の日が、すばらしい喜びの日となりますように、アーメン。

この世で幸福を得るために必要な最も基本的な三つのことは、すべき仕事があること、愛する相手がいること、希望があることだ。

—— ジョゼフ・アディソン

孤独なときには

わたしはひとりではない。父が、共にいてくださるからだ。
(ヨハネによる福音書 16 章 32 節)

　愛する主よ、人に理解されていないと感じることがあります。孤独なとき、思い出させてください。いつもあなたが共にいてくださること、他の誰よりもわたしのことを分かってくださることを。あなたの手の届かないところに行き、あなたの愛の外に出ることなど、わたしにはできません。
　今日、寂しい思いをし、独りだと感じているすべての人を祝福してください。あなたに愛されていることを、その人たちが知ることができますように。つながりの喜びを感じることができますように。わたしたち一人一人をこんなにも愛してくださり、ありがとうございます。アーメン。

孤独は、神の目に「よくない」と映った最初のものだった。
　　　　　　　　　　　　　　　—— ジョン・ミルトン

悩みの日に

主はあなたの呼ぶ声に答えて
必ず恵みを与えられる。
主がそれを聞いて、直ちに答えてくださる。
（イザヤ書 30 章 19 節）

　恵みと慈しみの主よ、今日何があっても、わたしと共にいてください。心を乱す心配事や悩みに対処できるよう、わたしを助けてください。あなたの慈しみに信頼させてください。困難や試練のさなかでも、あなたが共にいてくださるということを信じることができるよう、わたしを支えてください。
　悩み苦しむわたしを、新しい希望と可能性で満たしてくださり、ありがとうございます。
　今日わたしは、導きと慈しみを求めてあなたに信頼するすべての人のために祈ります。あなたが望まれる方向へと進む勇気を、わたしたちに与えてください。アーメン。

主がすべての災いを遠ざけて
あなたを見守り
あなたの魂を見守ってくださるように。

（詩編 121 編 7 節）

よい選択

仕えたいと思うものを、今日、自分で選びなさい。
(ヨシュア記 24 章 15 節)

　天の父よ、わたしたちが自ら選択する自由を、あなたは与えてくださいました。主体的な意志という賜物を与えてくださったのです。選ぶということは難しいものです。全部の選択肢がよく見えることもあれば、逆によいものがないと思えることもあります。主よ、わたしが何をするにしても、よしあしを見抜く霊を授け、賢く、最善の選択ができるようにしてください。

　あなたがわたしに望んでおられることを、もっと求めることができますように。あなたが選んでくださった道から離れずにいられるよう、助けてください。あなたに仕え、よい隣人、よい友人、よい働き手となることを、いつでも選ぶことができますように。今日わたしの愛する人たちが何かを選ぶ際にも、あなたが共にいてください。主よ、あなたをほめたたえ、あなたの愛と導きを賛美します。アーメン。

二つの悪があれば、いずれも選ぶな。二つの善があれば、どちらも選べ。

——　トライオン・エドワーズ

完全な赦し

　人の子が地上で罪を赦す権威を持っていることを知らせよう。

（マタイによる福音書 9 章 6 節）

　愛する主よ、あなたはわたしを赦し続けてくださる方です。一度赦してくださった後には、わたしを責めることをなさいません。そればかりか、わたしのした悪を忘れてくださいます。それなのにわたしは、赦された後でも、自分の失敗を忘れられないことがあります。

　失敗にこだわるのではなく、手放すことができるよう、助けてください。失敗を、成長する機会とすることができますように。赦しが必要なときには、あなたのところに行って告白し、それから先に進むことができますように。あなたが望んでおられる場所に、わたしを向かわせてください。

　あなたの変わらない優しさのゆえに、あなたを賛美します。アーメン。

　わたしたちが告白した罪を、神は海の深みに投げ捨ててくださり、そこに「魚釣り禁止」の看板まで立ててくださった。

—— ドワイト・L・ムーディー

行動は物語る

あなたがたはそれぞれ、賜物を授かっているのですから、
…その賜物を生かして互いに仕えなさい。
(ペトロの手紙一 4 章 10 節)

　主よ、わたしがもっと人を思いやることをあなたは望んでおられます。自分の賜物をよいことのために用いることができますように。自分のことでいっぱいになって、人のことを考える余裕がなくなっているときには、どうぞ助けてください。

　あなたがわたしに与えてくださるように、わたしも人に与えることを、あなたは願っておられます。助けを必要としている人たちのために祈ることを忘れることがないよう、助けてください。わたしの時間やお金をささげることができますように。自分より恵まれない人のために声を上げ、人を助けるために「する」と決めたことを実行できるよう、支えてください。アーメン。

　　　　　　主は平和を宣言されます
　　　御自分の民に、主の慈しみに生きる人々に
　　　　　　　　　　　　　　　　　(詩編 85 編 9 節)

成長

 生まれたばかりの乳飲み子のように、混じりけのない霊の乳を慕い求めなさい。これを飲んで成長し、救われるようになるためです。

（ペトロの手紙一２章２節）

 主よ、「よちよち歩きの信仰を脱したい」と心から願っているものの、まだまだわたしには霊の乳が必要です。けれども、わたしの心があなたの聖霊と結ばれていることを知るとき、喜びが湧いてきます。
 父よ、感謝します。わたしは、あなたに養われて柔和になり、あなたの霊によって忍耐強くなり、あなたの恵みによって献身的になりました。あなたの御姿を映し出すわたしになれるよう、あなたのすぐ近くを歩かせてください。主よ、もっとあなたを大きく、わたし自身を小さくできますように。今日わたしの行く道で出会う人たちに、あなたの愛を示せるよう、わたしを成長させてください。アーメン。

 今のままの自分に満足してしまうことほど、救いにとって危険で、神にふさわしくなく、自らの幸福のために害のあることはない。

──── フランソワ・フェネロン

美しいもの

神はお造りになったすべてのものを御覧になった。見よ、
それは極めて良かった。

(創世記 1 章 31 節)

　愛する主よ、今日は、わたしの生活の中にある美しいものに感謝します。さわやかな風を、あなたの栄光を物語る美しい空を、ありがとうございます。あなたの子どもたちのために、こんなにも多様ですばらしい地球を造ってくださったことを、ありがとうございます。
　また、わたしの周りの人たちに感謝します。主よ、あなたにいただいている優しさを、ほんのわずかにでも人に差し出せるよう、助けてください。わたしを通して、誰かがあなたの愛を感じることができますように、アーメン。

地に、海に、草原に、山々に、空に、雲に、星に、太陽に、魚に、動物たちに聞くがよい。すべては言うであろう。「我我は神に造られたゆえに美しい」と。この美しさは、神への彼らの証しなのだ。

—— アウグスティヌス

道をお示しください

もしあなたがわたしに御好意を示してくださるのでしたら、どうか今、あなたの道をお示しください。
(出エジプト記 33 章 13 節)

　主よ、今日という日を始めることが怖いと感じるときがあります。未知の将来に向かって足を踏み出すことはなおさらです。この世の暗闇に、圧倒されそうになります。今日も、御手を固く握って離さず、一歩一歩をあなたに信頼して歩むことができますように。
　次のステップに進む前に、あなたを求めることができますように。あなたを追い越して、自分のやり方でなにかをしようとする前に、あなたを見上げさせてください。わたしが何をするにしても、あなたの愛の御手に導かれ、あなたと共に歩くことができるよう助けてください。わたしのすぐ横にいつもいてくださり、ありがとうございます。アーメン。

　　　あなたの御言葉は、わたしの道の光
　　　　わたしの歩みを照らす灯。

(詩編 119 編 105 節)

一瞬一瞬を

　人間にとって最も幸福なのは、自分の業によって楽しみ
を得ることだとわたしは悟った。
　　　　　　　　（コヘレトの言葉3章22節）

　天の父よ、わたしはよく、その日できなかったことの言い訳を自分にします。愚痴を言うこともよくあります。言い訳や愚痴にむだな時間を使うことなく、あなたが下さる一瞬一瞬を価値あるものにできるよう、助けてください。
　何をするにしても、目の前のどのような仕事も、精いっぱい力を注ぎ、喜んですることができますように。
　よく笑い、多く愛し、惜しみなく与えることができますように。今この時をあなたからの贈り物として生き、今日の日を楽しむことができるよう、助けてください。アーメン。

　あなたの葬式に出た人たちが、牧師の話の後で「ひどい葬式
に出た」と思わないような生き方をせよ。

　　　　　　　　　　　　　　　　　　　　—— 作者不明

障害を乗り越えて

信じる者には何でもできる。
（マルコによる福音書 9 章 23 節）

　愛する神よ、今日、わたしがすべきことをすべてやり遂げ、あなたに栄光を帰すことができるようにしてください。あなたはわたしの前を行き、道を備えてくださいます。立ちはだかる障害を乗り越えることができるよう助けてください。何が起ころうともあなたが近くにおられることを、今日一日、忘れずにいられますように。
　あなたのゆえに、わたしには何でもできます。もしそのことを忘れたら、わたしの心にあなたの希望を再びささやいてください。わたしの歩みに、知恵と喜びと大胆さを与えてください。主よ、今日、わたしの希望も仕事も、御手の中に、安らぎのうちにあります。あなたと共に歩む中でわたしが出会うすべての人を、祝福してください。アーメン。

　永遠への道に障害物があっても、神の約束に対する確信を揺るがしてはならない。聖霊は、あなたがそこにたどりつくという神の証印なのだ。

—— デイヴィッド・ジェレマイア

神を知る

恵みの御業のうちにわたしを導き
まっすぐにあなたの道を歩ませてください。
(詩編 5 編 9 節)

　愛する主よ、自分はまずまず利口で、賢いと思えるときがあります。けれども、自分は何も知らないのではないかと思うときもあります。もっとあなたを求める心を、わたしに与えてください。あなたが望んでおられる姿になることができますように。
　この世は、学歴のある人を褒めそやし、敬います。けれども、どんなに学識のある人さえ、あなたを理解し尽くすことなどできません。祈りをもって、ひたすらにあなたを知ろうとすることができますように。あなたについて知らなければならないことに、気付かせてください。アーメン。

「あなたがここにいる間になすべき最大の仕事は、神を知ることだ」ということに気付くとき、人生の問題のほとんどは、ひとりでに解決していく。

——　J・I・パッカー

愛の御手をもって

> 自分の命を救いたいと思う者は、それを失うが、わたし
> のために命を失う者は、それを得る。
> （マタイによる福音書 16 章 25 節）

　愛する父よ、あなたが望まれるような人間になれる日は、来るのでしょうか。わたしにはあなたの助けが必要です。
　今日、誰に対しても親切にすることを、忘れないでいられるよう助けてください。自分自身に対しても優しくできますように。
　あなたはわたしを愛のまなざしで見守り、愛の御手をもって、わたしを作り変え続けてくださいます。主よ、わたしのことをそれほどまでに愛してくださり、ありがとうございます。アーメン。

> 　　　主よ、立ち帰り
> 　わたしの魂を助け出してください。
> 　　あなたの慈しみにふさわしく
> 　　わたしを救ってください。
>
> （詩編 6 編 5 節）

助けの手を

災いの日に、あなたの兄弟の家には行くな。
近い隣人は遠い兄弟にまさる。
（箴言 27 章 10 節）

　主よ、わたしと同じように、人はどこでも助けを必要としています。時間やお金、また、わたしの能力をもって人を助ける機会が与えられていますから、感謝します。
　わたしがあなたの目を通して人を見ること、あなたはそれを望んでおられます。主よ、人が本当に必要としていることを理解できるよう助けてください。その人を助けて、あなたを喜ばせることができますように。
　助けの必要な人を見逃したことがあるならば、赦してください。そして、この地上において真にあなたの手足となれるよう、わたしを助けてください。イエスの御名によって祈ります。アーメン。

　たとえ小さなことであっても、助けの必要な人のために、何かをしなさい。そのことで対価は得られない。しかし、それをする特権にあずかることができる。

—— アルベルト・シュヴァイツァー

静まって待つ

　落ち着いた生活をし、自分の仕事に励み、自分の手で働くように努めなさい。
　　　　（テサロニケの信徒への手紙一 4章11節）

　愛する主よ、あなたなしでは、わたしの心は安まるときがありません。わたしは忙しく、あなたに心を向ける時間がないことさえあります。人生の雑音に邪魔され、あなたの優しい、愛に満ちた声が聞こえなくなっているならば、わたしを赦してください。
　けれども今日、御前に静まりますから、わたしと共に歩んでください。また、静まってあなたを待つことを選ぶすべての人たちのためにも祈ります。
　あなたは、わたしたちが受けるに値する分をはるかに超えて、与えてくださる方です。あなたの慈しみと優しさで、わたしたちを祝福してください。主よ、あなたを賛美し、感謝します。アーメン。

　神よ、わたしたちを静けさの子とし、平和を受け継ぐ者としてください。

　　　　　　　　　　　　　　　　　　——クレメンス一世

失望

わたしは幸いを望んだのに、災いが来た。
光を待っていたのに、闇が来た。
（ヨブ記 30 章 26 節）

　愛する父よ、わたしたちは、あなたのしもべ、ヨブに似ています。よいものを願い求め、強くあろうと試み、やる気に満ち、前向きであろうとします。けれども、歩きたいと望む道からどんどんそれてしまうのです。
　父よ、あなたの光を求め、御名に希望を求めるすべての人の近くにいてください。わたしたちの上に御顔を輝かせ、わたしたちの霊を新しくしてください。暗い思いの呪縛から逃れることができるよう、わたしたちの意志を強めてください。
　今日、最初の月が終わるこの年が、あなたの御旨と目的にかなう、よいものとなりますように、アーメン。

　有限の失望は受け入れなければならない。しかし無限の希望は、決して失ってはならない。
　　　　　　　——マーティン・ルーサー・キング・ジュニア

今日なせる善を
仕える方法を
人を助ける言葉を
主よ、教えてください。

間違ったことを正す方法を
弱った人の励まし方を
人を元気づける笑顔や歌を
主よ、教えてください。

困っている人を助け、
重荷を軽くし、
幸せを広げる方法を
主よ、教えてください。

グレンヴィル・クライスラー

2月

休むということ

我らの魂は主を待つ。
主は我らの助け、我らの盾。
（詩編33編20節）

　愛する主よ、わたしには休むことが必要です。わたしは絶えず計画を立てたり、夢を追ったりしています。目まぐるしく、新しい方向性や導きを求めています。落ち着いて息をつきたいのに、できないのです。
　主よ、休むことと怠惰であることの違いを理解できますように。仕事を終えるべき時を教えてください。少なくともその日の仕事はやめて、わたしの魂と霊のためになることを始めることができますように。瞑想し、祈り、ただリラックスする時間を、取ることができますように。自由な時間という賜物を与えてくださり、ありがとうございます。アーメン。

　七日目は、あなたの神、主の安息日であるから、いかなる仕事もしてはならない。…そうすれば、あなたの男女の奴隷もあなたと同じように休むことができる。

（申命記5章14節）

いやし

主よ、あなたがいやしてくださるなら
わたしはいやされます。
（エレミヤ書 17 章 14 節）

　主よ、今日は健康な体に感謝します。ストレスがあっても、運動をしなくても、体は奇跡のように回復します。傷やあざも自然に治ります。あなたはわたしたちの体をすばらしいものに造ってくださいました。体は、わたしたちが生き続け、あなたの召しに応えるために必要なものです。

　わたしたちの体をあなたが「宮」と呼ばれたのは、体こそわたしたちが住む場所であり、あなたがお住まいになる場所だからです。

　主よ、自分の体に感謝し、それを大切にすることができますように。体を守り、いやし、強くすることができますように。わたしの命を支えるために、あなたがしてくださっていることすべてに感謝します。アーメン。

　健康な人は富んでいる。しかし自分ではそのことを知らない。

—— ことわざ

知恵について

主を畏れることは知恵の初め。
無知な者は知恵をも諭しをも侮る。
（箴言1章7節）

　愛する主よ、この世で知恵と見なされていることが、本当の知恵であるとは限りません。人を学歴で判断するような間違いは、よくあることです。
　人生について学べば学ぶほど、自分には知らないことばかりだということが分かります。あなたは、知恵を教えるために箴言を与えてくださいました。箴言は、あなたが求めておられること、そして、さまざまな状況でどのようにふるまうべきかを、教えてくれる書です。
　今日、賢く行動し、賢く選ぶことができるよう、わたしを助けてください。あなたに感謝し、賛美します。アーメン。

　　　　　　　知恵には忍耐が伴う。
　　　　　　　　　　　　—— アウグスティヌス

主に不可能はない

主に不可能なことがあろうか。
（創世記 18 章 14 節）

　主よ、あなたは何でもおできになる方です。あなたは想像を超えた大きな目的をわたしの人生にお持ちのように思えるときがあります。「あなたに不可能はない」と頭では理解していますが、その知識を自分の人生に結び付けることは難しいことです。
　たとえあなたの思いが分からなくても、わたしが平安でいることができるように祈ります。あなたはいつも、わたしにとっていちばんよいことをご存じです。そして、わたしの未来のために、希望の計画をお持ちです。このことを信じさせてください。
　あなたのご計画と目的から離れずにいられますように、アーメン。

　熱心で信仰に満ちた祈りを通して不可能に達するまでは、わたしたちが造られた目的を果たすことはできない。
　　　　　　　　　　　　—— デイヴィッド・スミザース

何よりもまず

あなたがたの天の父は、これらのものがみなあなたがたに必要なことをご存じである。何よりもまず、神の国と神の義を求めなさい。そうすれば、これらのものはみな加えて与えられる。

(マタイによる福音書6章32-33節)

　主よ、わたしはToDoリストばかり作っています。けれども、何よりもまず、あなたを第一にできるよう助けてください。日々家を出る前に、御声を求めることができますように。
　一日の初めにあなたと過ごす時間を持つと、その日は必ずよい日になります。どうぞわたしを支えて、あなたとの時間を持つことができるようにしてください。聖霊がわたしを通して働かれる日になりますように、アーメン。

あなたの道を主にまかせよ。

(詩編37編5節)

人には人が必要

すべての人に対して…善を行いましょう。
（ガラテヤの信徒への手紙6章10節）

　主よ、たくさんの人が助けを必要としています。全員を一人で助ける力など、わたしにはありません。けれども、わたしにできることは進んですることができるよう、支えてください。

　父よ、感謝すべきことに、これまでに多くの人がわたしを助けてくださいました。今は逆にわたしが助ける立場になれることを感謝します。与える方法は無数にあります。

　今日、助けを必要としている人に対して、あなたの光を映す者となれますように、アーメン。

困っている人を救う一言は、線路のポイントのようなものだ。
その一言が、汽車が衝突するか、順調に走るかを左右する。
　　　── ヘンリー・ウォード・ビーチャー

塩の味付け

いつも、塩で味付けされた快い言葉で語りなさい。そうすれば、一人一人にどう答えるべきかが分かるでしょう。
(コロサイの信徒への手紙4章6節)

　主よ、わたしにはあなたが必要です。あなたはわたしの上に、豊かな恵みをあふれるばかりに注いでくださいます。
　「塩で味付けされた快い言葉」とは、優しく、効果的で印象に残る会話です。優しくなければ、人の印象に残る会話をすることはできません。今日、周りの人たちと親切で愛に満ちた会話ができるよう、助けてください。わたしの言動に知恵を与えてください。働くときも楽しむときも、あなたに栄光を帰すことができますように。
　わたしたちに恵みの命を与えてくださり、ありがとうございます。アーメン。

神の恵みという福音を理解することは、わたしたちが信仰を分かち合う原動力となる。また、キリスト者としての人生を、本当に影響力のあるものとして生きる力となる。
　　　　　　　　　　　　　── デイヴィッド・ハヴァード

今日の日を喜ぶ

今日こそ主の御業の日。
今日を喜び祝い、喜び躍ろう。
（詩編 118 編 24 節）

　主よ、わたしは、過去を悔やみ、将来を心配することに時間を使い過ぎています。また、毎日を慌ただしく過ごしてしまい、気付くと何週間も過ぎてしまっていることがあります。
　過去や将来ではなく、今という時にとどまり、あなたが下さっているものを喜ぶことができますように。今日という日はあなたからの贈り物です。どうぞ今日の糧を与え、今日一日を祝福してください。一瞬一瞬の貴重な時を、意識して過ごすことができますように。あなたが与えてくださる時間を賢く用い、しっかりと使い切ることができますように。あなたが共にいてくださるのですから、今日何が起こっても、大丈夫です。アーメン。

　大切な時はただ一つ。「今」だ。自分の力の及ぶ唯一の時が、今だからだ。

—— レフ・トルストイ

金のりんご

時宜にかなって語られる言葉は
銀細工に付けられた金のりんご。
（箴言 25 章 11 節）

　父よ、あなたを求めて聖書を読むと、自分の置かれている状況にぴったりな助言を得ることがあります。
　あなたの言葉と同じように、わたし自身から出る言葉も大切です。人を力づけ、励ますような言葉を発することができれば、相手はわたしの声に耳を傾けるでしょう。
　主よ、わたしが出会うすべての人が、励ましを、そして御声を聞くことを必要としています。このことを忘れないでいられますように。金のりんごのような、また暗闇の光のような、時宜にかなった言葉をいつも語ることができるように、わたしを助けてください。アーメン。

キリストの光を放たない言葉によって、闇は深くなります。
　　　　　　　　　　　　　　—— マザー・テレサ

よい行い

しかし、「あなたには信仰があり、わたしには行いがある」と言う人がいるかもしれません。行いの伴わないあなたの信仰を見せなさい。そうすれば、わたしは行いによって、自分の信仰を見せましょう。

(ヤコブの手紙 2 章 18 節)

　主よ、これまでに、多くの人たちから助けていただき、親切にされてきました。本当に感謝します。
　わたしも同じように、助けを必要とする人に喜んで手を差し伸べることができますように。よい行いであなたの愛を人に伝え、あなたの恵みを広げていく方法を、わたしに教えてください。
　わたしに関わるすべての人に、気前よく愛を与えることができますように、アーメン。

すべての人に対して親切を尽くすことはできない。だから、今あなたの近くにいて、あなたが関わることになった人たちに、特別に心を配ろう。

—— アウグスティヌス

変えるべきこと

あなたがたの内に働いて、御心のままに望ませ、行わせておられるのは神であるからです。
（フィリピの信徒への手紙 2 章 13 節）

　愛する主よ、わたしをあるがままに愛してくださり、ありがとうございます。このままで御前に出られることを感謝します。不完全なわたしが、人に光と愛をもたらす器となることを許してくださり、ありがとうございます。
　あなたはわたしのうちに働き続けておられ、変えるべきことを「変えたい」と思う願いを与えてくださいます。わたしが変わるための機会を与え、わたしを作り変えてくださいますように、アーメン。

　イエスはそのままであなたを受け入れてくださる。しかし「何も変わらなくてよい」と放っておかれはしない。あまりにもあなたを愛しておられるからだ。

―― リー・ヴェンデン

わたしは主のもの

主は御自分の者たちを知っておられる
（テモテへの手紙二 2 章 19 節）

　愛する主よ、あなたのおられるところが、わたしの家。あなたがわたしを送られるところが、わたしの居場所です。わたしはあなたのものです。それゆえ、あなたは何度もわたしを淵からすくい上げ、守ってくださいました。
　愛する主よ、あなたの限りない愛とまことのゆえに、感謝と賛美をあなたにささげます。わたしのために温かな居場所を用意してくださり、ありがとうございます。あなたのおられるところから、わたしは決して離れません。アーメン。

　　　贖われ　勝ち取られた　我は主のもの
　　　　契約と結婚により　我は主のもの
　　　どこまでも　いつまでも　我は主のもの
　　　　　　　　　── トーマス・ブルックス

しるしと不思議

> イエスは…「あなたがたは、しるしや不思議な業を見なければ、決して信じない」と言われた。
> （ヨハネによる福音書4章48節）

　主よ、あなたの御手は、日々、不思議な業をなさいます。あなたは奇跡を起こす方。奇跡は絵そらごとではありません。あなたにはすべてが可能です。あなたは、ご自身の存在を現すため明らかなしるしを示されます。
　あなたのことをわたしたちに示し、絶え間ないご臨在をわたしたちに意識させるために、あなたはあらゆる方法を用いられます。感謝します。今も奇跡を起こし続けてくださる方、すばらしい不思議な業をなさる神よ、ありがとうございます。アーメン。

新約聖書の時代にあっては、さまざまなしるし、不思議、奇跡によって、福音は本物であることが証明されていた。しかし奇跡は初代教会でしか起こらないものなのだろうか。…奇跡が当時だけのことであるとは、聖書には決して書かれていない。

—— マーティン・ロイドジョンズ

愛に不可能はない

愛する者たち、互いに愛し合いましょう。愛は神から出るもの…です。

(ヨハネの手紙一 4 章 7 節)

　愛する主よ、あなたはわたしを愛しておられます。あなたのように無条件に人を愛そうとしても、なかなかできるものではありません。けれども、あなたと一緒ならば、敵を愛することさえ可能です。
　心から、全霊で、あなたと人を愛することができますように。愛せない相手がいるときも、あなたを見上げることができるよう、お導きください。わたしのすることすべてに、あなたの姿を映すことができますように、アーメン。

愛には苦しみも不安もない。愛は自分の力以上のことをする。できない言い訳をしない。愛は公明正大である。愛に不可能はない。

—— トマス・ア・ケンピス

憐れみと思いやり

あなたがたは神に選ばれ、聖なる者とされ、愛されているのですから、憐れみの心、慈愛、謙遜、柔和、寛容を身に着けなさい。
(コロサイの信徒への手紙 3 章 12 節)

　主よ、あなたから愛と思いやりを学ばせてください。すべての被造物に対して慈しみと寛容を示す意志を、わたしに与えてください。それは簡単なことではありません。自分がつらいときには、わたしの中から最悪のものが出てきます。
　主よ、誰かの悩みや苦しみを解決し、また慰めるために、わたしの中の最良のものを差し出すことができますように。何をするにしても、あなたの使者として行動することができるよう助けてください。あなたが造られた尊い一人一人を大切に扱うことができるよう、お導きください。あなたの被造物を思いやることができるように、わたしの霊を強め、新しくしてください。アーメン。

憐れみと思いやりの及ぶ範囲をすべての生きとし生けるものに広げることができるまでは、人は平安を見いだすことはできない。

―― アルベルト・シュヴァイツァー

何よりも大切な祈り

信じて祈るならば、求めるものは何でも得られる。
（マタイによる福音書 21 章 22 節）

　愛する主よ、何よりも大切なのは立ち止まって祈ることです。それなのに、わたしはそのことを忘れがちです。できることをすべてしさえすれば、なんとかなると思ってしまうのです。父よ、なすべきことは御前での祈りだということを、忘れないように助けてください。
　あなただけが、わたしにとっての最善をご存じです。あなたのところに行けば、どんなことでも可能です。あなたはわたしたちの祈りを必ず聞いておられ、答えてくださるということを信じます。自分と人のために祈ることができるよう、助けてください。アーメン。

わたしたちは皆弱く、限界がある単なる人間にすぎず、祈りが必要な者である。自分を強い者と思い、知らずして自己満足に浸っている者こそ、最も祈りを必要としている。
　　　　　　　　　　　　　　―― ハロルド・C・フィリップス

耐え忍ぶ力

涙と共に種を蒔く人は
喜びの歌と共に刈り入れる。
(詩編 126 編 5 節)

　父よ、わたしの前に立ちはだかる障害を乗り越えさせ、あなたが定めておられる召しを達成させてください。
　主よ、あなたに信頼します。苦しいとき、わたしを強め、新しくしてください。わたしの霊を励ましてください。あなたが用意されているよいものを求めて、道を歩み続けることができるようにしてください。試練に遭うときも一緒にいてください。苦難の中を共に歩み、わたしが自分の足で歩けなくなったら背負ってください。そして、あなたが望まれる場所へと、わたしを無事に運んでください。
　今日、わたしの近くにいてくださり、ありがとうございます。アーメン。

　忍耐力とは、困難をただ耐え忍ぶ能力のことではない。困難を栄光へと変える能力のことだ。

—— ウィリアム・バークレー

敵のために祈る

自分の兄弟にだけ挨拶したところで、どんな優れたことをしたことになろうか。異邦人でさえ、同じことをしているではないか。

(マタイによる福音書5章47節)

　愛する主よ、自分を傷つける人のために祈ることができるほど、わたしは成長していません。わたしやわたしの大切な人を傷つける人に対して、どうしても憤りを覚えます。

　無条件に人を愛し、人の中によいものを見いだすことができますように。そうすれば、わたしはあなたに誉れと栄光を帰すことができます。あなたはいつも、自分が扱われたいように人を扱うことを求めておられます。わたしの霊を強め、このことを忘れないようにしてください。

　今日、わたしを苦しめた人たちのために祈ります。その人たちの人生を祝福してください。その人たちが、あなたのうちに喜びを見いだすことができますように、アーメン。

　進んで敵のために祈ること、喜んでそうすること。主に従って敵のために祈り、そのことで、内なる人が大いに喜ぶこと。これが、あなたが金であることの証しである。

—— アウグスティヌス

疑いを乗り越える

疑う者は、風に吹かれて揺れ動く海の波に似ています。
（ヤコブの手紙 1 章 6 節）

　主よ、あなたがおられることを疑うことはありません。けれども「わたしはあなたの期待どおりの者ではないのでは」と疑うことがあります。「わたしの働きには意味がなく、わたしのことなど、あなたは心配してくださっていないのではないか」と。
　父よ、あなたはわたしを価値ある者と見てくださっています。そのことを心から信じることができますように。あなたは、わたしが生まれる前から、計り知れないほどわたしのことを気にかけてくださっています。あなたを疑う心を乗り越え、世の光となるための道を歩み続けることができるよう、お導きください。アーメン。

偉大な信仰の人が高みに昇ることができたのは、彼らが深いところを通ったためであることを、我々は忘れがちだ。
　　　　　　　　　　　　　　　　　　── オズ・ギネス

信じ続ける

あなたがたの信じているとおりになるように
（マタイによる福音書 9 章 29 節）

　主よ、わたしには信仰があると思えず、祈ることもできないときがあります。最後まで信じ通すことはできないと思ってしまいます。このようなわたしを赦してください。そして、次のように語った先人と同じ信仰を与えてください。
　「信仰とは、一切の光が消えて未知の暗闇に踏み出す時が来たとき、次の二つのうちいずれかが起こると、知っていることである。二つのこととは、神が、立つべき固い足場を与えてくださるか、飛び方を示してくださるか、どちらかである。」
　いつでも、何においても、あなたを信じることのできる信仰を与えてください。主イエスの御名によって祈ります。アーメン。

　信仰とは、一回きりで終わる行為ではなく、心で三位一体の神を見つめ続けることだ。

——　A・W・トーザー

困難なときにも

主は高い天から御手を遣わしてわたしをとらえ
大水の中から引き上げてくださる。
(詩編 18 編 17 節)

　神よ、困難なときには、独りではないと分からせてください。平安と慰めを与えてくださる御手を、見ることができますように。試練に立ち向かい、それを祝福に変えることができるよう支えてください。
　悲しいこと、難しいこと、予期せぬ出来事など、一切はあなたのご支配の下にあります。すべてが崩壊しているように見えるときでさえも、あなたを信頼することができますように。御手を伸ばしてわたしを落ち着かせ、固い地の上を歩かせてください。必要ならば、飛ぶ力を与えてください。
　今日、御名を呼ぶすべての者と共にいてください。アーメン。

　神はあなたを苦しみから守ってくださる。または、それを耐え抜くための力を、必ず与えてくださる。安心して、一切の心配を忘れなさい。

—— フランソワ・ド・サル

怒りを手放す

あなたの正しさを光のように
あなたのための裁きを
真昼の光のように輝かせてくださる。
(詩編 37 編 6 節)

　主よ、腹が立っているときには、何をどうすべきか分からなくなります。自分は正しく、怒って当然だと思います。一方、自分が何に怒っているのか分からないまま、抑えられずにただ感情が噴き出してくるときもあります。
　主よ、今日、怒りの感情に苦しみ、解決の方法が分からないわたしのような人たちと共にいてください。怒りを手放し、自分を傷つけた人を赦し、傷ついた出来事を忘れる力を与えてください。アーメン。

誰でも怒ることはある。怒ることは簡単だ。しかし、怒るべき相手に、怒るべき時に、正当な目的のために怒ることは、誰でもできることではない。正しく怒ることは簡単ではないのだ。

―― アリストテレス

友を助ける

あなたの友人、父の友人を捨てるな。
（箴言 27 章 10 節）

　主よ、わたしは友人を大切に思っています。けれども、友人がわたしを必要とするときに助けることができないことがあります。困っていることに気付くのが遅すぎることもあります。口では助けたいと言いながら、実際の行動に移さないこともあります。
　わたしを必要とする人が必要なときに、そこにいる友であれますように。いつでも人を励ますことができるように助けてください。できない言い訳をせず、快く助けの手を差し伸べる者としてください。
　あなたはいつでもそばにいて、わたしを助けてくださいます。同じように、わたしを必要とする人のために、わたしもそこにいることができますように。大切な友人たちを与えてくださっていることに、感謝します。アーメン。

　神がわたしたちを選ばれたのは、互いに助け合うためである。
　　　　　　　　　　　　　　── スミス・ウィグルワース

10 人分の力

わたしを強めてくださる方のお陰で、わたしにはすべて
が可能です。
（フィリピの信徒への手紙 4 章 13 節）

　主よ、元気のないとき、あなたのところに行きます。あな
たに頼り、助けを求めます。あなたはわたしを新しくし、励
ましてくださるからです。
　今日、自分の召しを成し遂げる力が与えられていることに
感謝します。あなたの助けがあれば、わたしはこの世をよく
する力となれます。
　どうぞ 10 人分の力をわたしに下さい。あなたを喜ばせる
ことを切に求めることができますように。人のために働いて、
召された業を全うさせてください。アーメン。

　成功者とそれ以外の人の違いは、力や知識が欠けていること
ではない。むしろ、意志が欠けていることだ。
　　　　　　　　　　　　── ヴィンス・T・ロンバルディ

思い悩むな

あなたがたのうちだれが、思い悩んだからといって、寿命をわずかでも延ばすことができようか。
　　　　　　（マタイによる福音書 6 章 27 節）

　主よ、わたしは、大きなことよりむしろ、小さなことを心配しがちです。「小さなことなら自分の手に負える」と思っているからかもしれません。けれども、実のところは、あなたがすべてを治めておられます。御手にすべてを委ね、小さなことにおいてもあなたを信頼できるよう助けてください。物事がうまくいかないときには、御もとに向かうことができますように。
　人生のすべての領域に平安を与えてください。あなたはいつでも共にいてくださいます。心配しても何も変わりません。けれども大きな信仰は奇跡を起こします。わたしのことを気にかけてくださり、ありがとうございます。アーメン。

　神はすべてのことを管理しておられ、わたしの助言など必要としておられない。神がおられれば、最後にはすべてはうまくいくと信じている。心配することなどない。
　　　　　　　　　　　　　　―― ヘンリー・フォード

あなたの計画

人間の心は自分の道を計画する。
主が一歩一歩を備えてくださる。
（箴言 16 章 9 節）

　主よ、わたしは計画を立てるのが好きです。最初に祈り、あなたの御旨に沿うような目標を設定したときには、計画はうまくいきます。けれども、わたしがあなたの先を行ってしまうと、計画どおりには進みません。
　毎朝立ち止まり、御声に耳を傾けることができるよう助けてください。わたしがすることにあなたの導きを求め、自分の人生に御旨を求めることができますように。わたしとあなたの計画が一致することを祈ります。
　今日わたしがすることすべてを祝福してください。アーメン。

　今日決めることに神の知恵を求めれば、神は、将来わたしたちが望んでおられることへの歩みを、一歩一歩導いてくださる。

—— セオドア・エップ

快い眠り

働く者の眠りは快い
満腹していても、飢えていても。
金持ちは食べ飽きていて眠れない。
(コヘレトの言葉 5 章 11 節)

　主よ、わたしに快い眠りを与え、心にも休みを与えてください。一日働き続けた後、床に就いてからも心のスイッチが切れず、静まって休めないことがあります。リラックスしてあなたの力と愛を仰ぎ見ることができますように。あなたがいつも共にいてくださり、わたしのためを思ってくださることを、分からせてください。
　安らかな睡眠を必要としているわたしたちの心と体を、聖霊によって満たしてください。あなたがすべてを支配しておられることを知り、あなたの愛に包まれて休むことができますよう、助けてください。わたしたちの心を平安で満たしてくださり、ありがとうございます。アーメン。

なかなか眠れないなら、羊を数えることをやめ、羊飼いと話をせよ。

―― 作者不明

必要に応える

あなたの神、主が与えられる土地で、どこかの町に貧しい同胞が一人でもいるならば、その貧しい同胞に対して心をかたくなにせず、手を閉ざすことなく、彼に手を大きく開いて、必要とするものを十分に貸し与えなさい。

(申命記 15 章 7-8 節)

　主よ、苦悩する者の叫び声は、地球上のあらゆる場所から聞こえ、消すことはできません。
　苦しんでいる人のためにできることをさせてください。支援が必要な人や団体に、自分の時間やお金をささげることができますように。傷ついた人はあまりにも多く、支援する相手を選ぶことさえ簡単ではありません。けれども主よ、人の必要に気付くことができるように導いてください。あなたがわたしに下さったものを用いて、人を助けることができますように。この世はあなたを呼び求めています。アーメン。

　神は道のないところに道を作り、昨日の暗闇を明日の光に変えることができる方だ。
　　　　　　　——マーティン・ルーサー・キング・ジュニア

熟練を生むもの

主をたたえよ
日々、わたしたちを担い、救われる神を。
（詩編 68 編 20 節）

　愛する主よ、何かを学ぶためには、多くの時間とエネルギーを費やして、上手になるまで練習を繰り返さなければなりません。

　人とのコミュニケーションから定期的に祈ることまで、学ぶべきことはさまざまです。上達すべきことに集中する意志を、どうぞ与えてください。練習に時間を割くことができますように。

　笑顔であいさつをする、進んで人を助ける、といった小さなことにさえ、あなたの助けが必要です。柔軟で愛に満ちた人になるためにも、練習を積まなければなりません。わたしのすることすべてにあなたの助けがありますように、アーメン。

　熟練は練習によってもたらされるのではない。熟練した練習こそ、熟練をもたらすのだ。

　　　　　　　　　　　　　　—— ヴィンス・T・ロンバルディ

主よ、あなたはわたしの心の望みをご存じです。
わたしが簡単に望みをかなえようとするなら、
いつか失望することでしょう。
あなたの生ける水はかれることがなく、
わたしの心の渇きを満たしてくださいます。
わたしの霊が求めるものを満たすことができるのは、
ただあなただけです。
主よ、飢え渇いて、今日あなたの前に出ます。
そしてあなたを見上げます。
あなたは渇く者を満たし、
飢える者をよいもので満たしてくださる方だからです。

キリスト者の祈り

3月

主の勧めを

勧めに聞き従い、諭しを受け入れよ。
将来、知恵を得ることのできるように。
（箴言 19 章 20 節）

　主よ、代わり映えなく、ただ過ぎ去っていく毎日に安住することなく、あなたが用意してくださっているものにわたしの目を開いてください。あなたの召しを果たすための一歩を踏み出させてください。

　今日のわたしの言動に、よい思いと励ましを与えてください。なすことすべての中に御手を見いだすことができますように。仕事、遊び、生きること、愛することの一切を、誉れと特権として受け取ることができるよう助けてください。

　あなたの御思いを求めるわたしたちを、どうぞ祝福してください。一人一人があなたを見上げ、あなたの時を求めることができますように、アーメン。

ある一瞬で見えたことが、一生続く体験となることがある。
　　── オリバー・ウェンデル・ホームズ・ジュニア

神の賜物

あなたをほかの者たちよりも、優れた者としたのは、だれです。いったいあなたの持っているもので、いただかなかったものがあるでしょうか。
　　　　　（コリントの信徒への手紙一 4章7節）

　主よ、あなたに頂いた優しさと賜物のゆえに、わたしはへりくだります。あなたは永遠の命を下さっただけでなく、この地上でのあふれるほど豊かな命をも、与えてくださいました。あなたはわたしに、才能や知性を授けてくださる方です。慈しみ、自由、赦し、そして喜びも、与えてくださいます。
　与えられているすべてのものを挙げることなど不可能です。あなたの愛の贈り物のことをたとえわたしが忘れても、どうぞわたしを愛し、あなたの霊を授けてください。さらなる希望も与えてください。あなたの賜物のゆえに、感謝と賛美をささげます。アーメン。

　無限なる神は、その一人一人の子どもに、ご自身のすべてを与えてくださる方だ。まるでほかに誰もいないかのように、一人一人に対してご自身を完全にお与えになる。
　　　　　　　　　　　　　　—— A・W・トーザー

新たにされて

心の底から新たにされて
(エフェソの信徒への手紙 4 章 23 節)

　父よ、聖霊の助けの下に、自分が変えられていかなければならないことは分かっています。どうか、わたしを心の底から新たにしてください。
　あなたは、わたしに必要なすべてのものを与えてくださいました。ありがとうございます。わたしの人生にあなたが下さっている美しいもの、大切なもの、貴いものすべてに、心から感謝します。
　あなたは、わたしの中のよいものの創始者、わたしの心と魂の創造主です。どうか、わたしの考え方や態度を、あなたに喜ばれるものへと変え続けてください。アーメン。

世界を美しいと見るか、あるいは荒涼としていると見るか。
物事を暗闇とするか、光とするか。すべて自分しだいだ。

　　　　　　　　　　　　　　　　　——作者不明

正義と公正

立ち上がってください、主よ。
神よ、御手を上げてください。
貧しい人を忘れないでください。
（詩編 10 編 12 節）

　主よ、地球のどこに暮らしていても、わたしたちが人間として幸せに生きることを、あなたは望んでおられます。あなたはわたしたちを、互いを大切にする者として創造されました。それなのに、わたしたちは幾度、身ぐるみはがれ、殴られて半殺しの目に遭っている人をそのままにして立ち去ってきたことでしょう。よいサマリア人となることができないのは、なぜでしょうか。
　わたしたちの人生を、あなたの正義で満たしてください。無実の者を、この世の失われた羊たちを、あなたのすべての被造物を、お守りください。不当に苦しめられている人たちを祝福し、勇気と平安を与えてください。あなたはいつでも、わたしたちの戦士であり、羊飼いです。アーメン。

わずかな不正も、あらゆる正義にとっての脅威となる。
　　　——マーティン・ルーサー・キング・ジュニア

わたしの居場所

隠されている事柄は、我らの神、主のもとにある。しかし、啓示されたことは、我々と我々の子孫のもとにとこしえに託されており…

（申命記 29 章 28 節）

愛する主よ、あなたのところに居場所を備えてくださっていることを、ありがとうございます。あなたの愛のゆえに、わたしはこの世で独りではありません。

この地上で与えてくださったわたしの居場所にも、感謝します。教会、サークル、学校などは、御もとに比べれば取るに足らないものですが、こうした場所で人とつながることができます。

問題に圧倒され、自分には価値がないと感じて、心がうずくときがあります。そのようなとき、わたしを造り、恵みの中に招き入れてくださったあなたを仰ぎ見ます。アーメン。

人間同士は、相当に親しくなることはできる。しかし完全に仲間になることはできない。しかし神との親しい関係だけは、どこまでも深めることができる。

── オズワルド・チェンバーズ

聖書

聖書はすべて神の霊の導きの下に書かれ、人を教え、戒め、
誤りを正し、義に導く訓練をするうえに有益です。
（テモテへの手紙二 3 章 16 節）

　父よ、聖書というあなたの生ける作品に感謝します。ガイ
ドブックなしでは、人生を歩き通すことはできません。聖書
は、時を超えてその輝きを失わず、読む者に新しい希望と命
を与え続けています。
　聖書を読むすべての者を祝福し、さらにあなたを理解する
ことができるようにしてください。そして、あなたの恵みと
慈しみに触れていない人たちを、聖書を通してあなたご自身
へと導いてください。
　あなたの愛の恵みを人と分かち合うことができるよう、助
けてください。あなたの霊の導きによって書かれた言葉に、
わたしの歩みを向けさせてくださいますように、アーメン。

聖書は人生の取り扱い説明書だ。

—— 作者不詳

答えがないとき

目を覚まして感謝を込め、ひたすら祈りなさい。
（コロサイの信徒への手紙4章2節）

　主よ、祈ることに疲れてしまうときがあります。限られたわたしの理解力では、なぜ答えられない祈りがあるのか、分からないのです。
　父よ、わたしの不信仰と忍耐のなさを赦してください。慈しみ深いあなたを信じて待つことが、わたしにはなかなかできません。御旨の中で、すべてはよいことに変わることを理解することができますように。
　どうか、わたしの心からの祈りに最善の方法で答えてください。すべてにおいて、特に祈ることにおいて、あなたを信頼することができるよう、助けてください。アーメン。

不思議なことに、時にわたしの祈りは答えられた。しかし、天の父の愛が最も明らかになったのは、神が祈りに答えてくださらなかったときであった。

　　　　　　　　　　　　　　　　——ルイス・キャロル

地上にいるかぎり

　　　いかに幸いなことでしょう
　　　　勝利の叫びを知る民は。
　　主よ、御顔の光の中を彼らは歩きます。
　　　　　　　　　　（詩編 89 編 16 節）

　主よ、誕生日が来るのは、あまりうれしいものではありません。これまでに達成できていないこと、地上での持ち時間が短くなっていることを思い出すからです。けれども新しい年はあなたからの贈り物です。このことをわたしが理解することができますように。

　今年の誕生日が来たら、あなたは、わたしの人生にまだ多くの計画をお持ちだということを思い出させてください。あなたが与えてくださっているすべてのものを喜ぶことができますように。地上にいるかぎり、わたしにはなすべきことがあります。

　与えられている新しい日々に心から感謝し、あなたを賛美します。あなたの慈しみの中に、賢く、強くあることができますように、アーメン。

　　　生涯の日を正しく数えるように教えてください。
　　　　知恵ある心を得ることができますように。
　　　　　　　　　　　　　　　（詩編 90 編 12 節）

目を覚まして

あなたがたはこのように、わずか一時もわたしと共に目を覚ましていられなかったのか。誘惑に陥らぬよう、目を覚まして祈っていなさい。心は燃えても、肉体は弱い。
　　　　（マタイによる福音書 26 章 40-41 節）

　主よ、目を覚ましているようにとあなたが望まれるとき、わたしは何度も眠りに落ちました。助けを必要としている人に心を留めること、あるいはただ、ご臨在の中で時を過ごすこと、それをあなたは求めておられます。人の必要やあなたの御思いに気付くことができますように。
　自分の心配事で心がいっぱいになり、あなたが用意してくださることに目を開いていないとき、どうか赦してください。わたしの目を覚まさせ、あなたへの信仰があればどんなことでも可能であることを、分からせてください。イエスの御名によって、アーメン。

疑問の余地なく、人は本能として神の存在に気付くものだ。「知らなかった」と弁解することができないように、神はどの人の心にもご自身の存在を知らしめておられるからである。

　　　　　　　　　　　　　　—— ジャン・カルヴァン

責任のありか

イエスは身を起こして言われた。「あなたたちの中で罪を犯したことのない者が、まず、この女に石を投げなさい。」
（ヨハネによる福音書8章7節）

　主よ、あなたの期待される基準に達せないとき、わたしはすぐ言い訳をして、人や状況のせいにします。あなたのせいにすることさえあります。責任感の欠けているわたしを、どうぞ赦してください。これまでの自分を思うと、ひざまずかずにはいられません。
　あなたがいつもわたしを見ておられることを、知ることができますように。わたしのすべて、また将来の夢のすべてを、御前に置くことができますように。今日、自分の行動にあなたの導きを求めて祈るすべての者と共にいてください。アーメン。

　人が前の世代に責任を押しつける理由は、そうしなければ自分自身に責任があることを認めざるをえないからである。
　　　　　　　　　　　　　　　　　　—— ダグ・ラーソン

知恵を求める

善にさとく、悪には疎くあることを望みます。
（ローマの信徒への手紙 16 章 19 節）

　主よ、わたしたちは、賢い人たちや、科学や人文の天才を褒めそやします。けれども、すべての知識と知恵の源はあなたです。あなたをさらに深く知ることが、知恵なのです。
　今日わたしは、もっと知恵深くなることを求めて祈ります。あなたのご計画を理解できるよう、あなたをさらに知る者としてください。どのような人も、あなたに造られ、愛されている人として見ることができますように。
　わたしのすることすべてに、なお一層の知恵を与えてください。アーメン。

　　　　　　わたしはあなたの命令に心を砕き
　　　　　　　あなたの道に目を注ぎます。
　　　　　　　　　　　　　　　　　（詩編 119 編 15 節）

小さな幸せ

心が朗らかなら、常に宴会にひとしい。
（箴言 15 章 15 節）

　愛する主よ、本当に幸せだと感じる瞬間を、わたしが味わい、覚えておけるように助けてください。人生を豊かにするささいなことも、生きる喜びも、決して受けて当然のものではありません。わたしとわたしの愛する人たちの人生に、なお一層の平安と幸せを与えてください。もっとすばらしいことを経験させてください。
　わたしたちは、あなたの愛する御子のゆえに幸福を見いだし、喜びのうちに生きています。今日、すべての人の心を、この喜びで満たしてください。アーメン。

　幸福とは、わたしたちの外側にあるものでも内側にあるものでもない。神のうちにあるものだ。外側にありながら、内側にもあるものなのだ。

—— ブレーズ・パスカル

隣人を愛する

隣人を自分のように愛しなさい。
（マタイによる福音書 19 章 19 節）

　天の父よ、この地球に共に暮らし、資源を分かち合っているわたしたちが互いを思いやり、強め合うことができるよう、助けてください。
　貧困に苦しんでいる外国の人たちを、どのように助けることができるのか、わたしには分かりません。けれどもあなたはご存じです。貧しい者、罪のない者を守るため、わたしたちを立ち上がらせてください。家庭、地域、世界において、愛ある隣人として人に尽くすことができるよう、助けてください。アーメン。

　文明を維持するためには、人間関係の技を磨かなければならない。それは、同じ世界で平和に暮らすために、すべての民族と人類が発達させなければならない能力である。
　　　　　　　　　　　　——フランクリン・ルーズヴェルト

あなたを一番に

信仰を持って生きているかどうか自分を反省し、自分を吟味しなさい。
（コリントの信徒への手紙二 13 章 5 節）

　主よ、わたしは、あなたがご覧になるように人を見ることができません。それを妨げるものがわたしの中に多くあり、捨て去ることがなかなかできません。
　またわたしには、あなたではなく自分を第一にしてしまうことがよくあります。自分の世界、自分の夢、自分の家族、自分の友人といったものに、夢中になってしまうのです。思いやりにあふれ、出会う人にあなたを表すことのできる者へと変えてください。あなたが召してくださった働きを行うにあたり、わたし自身がその邪魔にならないように、助けてください。アーメン。

　　　見よ、兄弟が共に座っている。
　　　なんという恵み、なんという喜び。
（詩編 133 編 1 節）

嫉妬について

> ヨセフがやって来ると、兄たちはヨセフが着ていた着物、裾の長い晴れ着をはぎ取り、彼を捕らえて、穴に投げ込んだ。
>
> (創世記 37 章 23-24 節)

　父よ、わたしたちは、人と自分を比べて、人が持っているものや、あなたが人にお与えになった賜物を妬んでしまいます。どうぞお赦しください。わたしたち一人一人は、あなたの特別な目的のために造られています。わたしたちがヨセフの兄弟たちのようになることがありませんように。

　妬みはわたしたちのためになりません。主よ、妬む心が生み出す悪から、わたしたちをお守りください。わたしたちをいつも御そばに置いてください。あなたの光のうちを歩ませ、あなたからのよいものを、互いに分かち合っていけますように。豊かに与えられているものすべてに、感謝します。アーメン。

　　　嫉妬には愛より自愛のほうが多く含まれる。
　　　　　　　　　　　　　　　── ラ・ロシュフーコー

小さなうそ

うそをついてはならない。
（レビ記 19 章 11 節）

　真実の父よ、悲しいことに、わたしたちは、いとも簡単に小さなうそをついてしまいます。もちろん、人の服の趣味や楽器の演奏について、本当のことを言うわけにはいかないこともあります。黙っているのが親切ということもあるでしょう。

　本当のことを部分的にしか言わないことや、自分自身をうまくごまかすことが、わたしにはあります。主よ、今日、わたしが自分や人に対してつく小さなうそを見過ごさないでください。わたしのすることすべてにあなたの真実を求めることができますように、アーメン。

罪のないうそなど存在しない。うそはうそだからだ。うそをつくことは、悪の化身にほかならない。
　　　　　　　　　　　　—— ヴィクトル・ユーゴー

リーダーとして

わたしデボラはついに立ち上がった。
イスラエルの母なるわたしは
ついに立ち上がった。
（士師記5章7節）

　聖書には、わたしたちの手本となるリーダーについて記されています。安全でも便利でもなかった時代に、男女問わず、そのリーダーたちは立ち上がりました。あなたの召しに応じ、あなたの民を導きました。
　主よ、集団の前で話をしたり、会社を経営したり、ということではなくても、人を導く役割を担わされることがあります。けれども、それが召しであると分かっていても、リーダーとして立つことに気が進まないことを、告白します。
　それでも人を導かなければならないときには、わたしの優先順位を整えてください。わたし自身があなたに従っていなければ、人を正しく導くことはできません。アーメン。

　自分が行ったことのないところまで人を導くことはできない。

―― ジーン・モーチ

3月17日

心配な心

心配は人をうなだれさせる。
親切な言葉は人を喜ばせる。
（箴言 12 章 25 節）

　愛する主よ、わたしは、ささいなことを大事にしてしまいます。目の前の問題に向き合おうとしないで、全く別なことに心を向けることもあります。うつうつとして長い時間を費やし、結局は単なる取り越し苦労だったということも、しばしばです。
　毎日を祈りをもって始めさせてください。あなたがいつも共にいてくださるという信仰を与えてください。心配事や不安があるときは、あなたを見上げることができますように。御手の中にいれば安心です。あなたはわたしよりずっと上手に問題に対処することがおできになるからです。
　わたしの仕事、家族、そして友人を祝福してください。わたしの愛するすべての人たちにとって、今日の日が心配のない一日となりますように、アーメン。

取り越し苦労をするな。起こらないかもしれないことを心配するな。光の中にとどまれ。
　　　　　　　　　　　── ベンジャミン・フランクリン

3月18日

日々強くなる

どうか主が民に力をお与えになるように。
主が民を祝福して平和をお与えになるように。
(詩編 29 編 11 節)

　父よ、あなたに新しくされ、あなたから力を得るためには、御前に出なければなりません。けれども、分かっていても、行くことを拒んでしまうときがあります。そのようなわたしを、どうぞ赦してください。自分のことで心がいっぱいになり、何もできない日があります。そのようなときには、まっすぐにあなたのところに行くことができますように。
　あなたは、力と可能性の源です。弱ったわたしの霊を、あなたの力強い霊で支えてください。わたしたちがあなたに頼り、日々強く成長することができますように。すべてにおいて、わたしたちの剣となってください。アーメン。

わたしたちは、疲れたり、うんざりしたり、取り乱すことがある。しかし独り神と過ごせば、神がわたしたちの体に力と強さを注ぎ込んでくださる。

—— チャールズ・スタンリー

3月19日

富を天に積む

あなたがたは地上に富を積んではならない。…富は、天に積みなさい。そこでは、虫が食うことも、さび付くこともなく、また、盗人が忍び込むことも盗み出すこともない。

(マタイによる福音書6章19-20節)

　主よ、わたしは、さしたる理由もなく買い物をしてしまいます。棚は大して必要でもない物であふれています。自分の持ち物を見ていると、わたしが物を持っているのか、物がわたしを所有しているのか、分からなくなります。

　主よ、富を天に積むことができるよう、わたしを助けてください。あなたが日々注いでくださる愛、あなたとの関係、人との関係、生きがいをくれる人たちを、物よりも大切にすることができますように。必要なものはすべて、すでにあなたが与えてくださっているということを、思い出させてください。アーメン。

知恵ある人は皆、これらのことを心に納め
主の慈しみに目を注ぐがよい。

(詩編107編43節)

3月20日

すばらしきもの

わたしが大地を据えたとき
お前はどこにいたのか。
知っていたというなら
理解していることを言ってみよ。
（ヨブ記 38 章 4 節）

　愛する主よ、春の花が咲き始め、あなたが造られたものが再び生まれるのを見るのは、なんとすばらしいことでしょう。わたしたち人間が大聖堂をいくつ建てても、高くそびえるとりでをいくつ築いても、あなたの創造に勝るものはありません。あなたはすべてを無から造られました。あなたがお造りになったものを使わずして、わたしたちが何か新しいものを作ることはできません。

　今日、あなたが創造なさったものに目を留めることができますように。緑の草、ありの行列、歌う鳥。世界はすばらしいところです。あなたはすばらしい神です！アーメン。

この世に命あるものすべてを
この世の美しきものすべてを…
この世の素晴らしきものすべてを
つくりたまいし　我が主の御業（みわざ）
──Ｃ・Ｆ・アレキサンダー（ヘルビック貴子・日本語詞）

3月21日

憐れんでください

憐れみと赦しは主である神のもの。
わたしたちは神に背きました。
(ダニエル書9章9節)

　愛する主よ、何度も何度もわたしを赦してくださるあなたのご意志のゆえに、わたしはへりくだります。御顔と愛を求めて、祈りのうちにあなたのところに行けば、あなたは必ずそこにいてくださいます。「すべきでないことをした」、「すべきなのにしなかった」と後悔に苦しむわたしを、あなたは放っておかれません。たとえわたしがあなたをがっかりさせても、わたしが転ぶたびに起こしてください。感謝します。

　今日も、あなたのまことと限りない憐れみを注いでください。わたしたちがするすべてのことにおいて、もっとあなたにふさわしい者となれるよう、助けてください。アーメン。

　二つの憐れみの業が人を自由にする。赦せ、そうすれば赦される。与えよ、そうすれば受ける。

　　　　　　　　　　　　　　　—— アウグスティヌス

3月22日

永遠に信じる

その子の父親はすぐに叫んだ。「信じます。信仰のないわたしをお助けください。」

(マルコによる福音書 9 章 24 節)

　愛する主よ、日々共に歩んでくださり、ありがとうございます。わたしの信仰が強いときには、あなたはわたしに慈しみと憐れみを与え、新しい展望を見せてくださいます。信仰が揺らぐときにも、あなたは静かに横に立ち、わたしを抱き上げ、わたしの霊を再び新しくしてくださいます。
　あなたを永遠に信じます。わたしがあなた抜きに前に進もうとするときでさえ、あなたは変わらずに受け止めてくださる方だからです。
　主よ、あなたはわたしの歩みを導く光です。その光で、わたしに求めておられることを一層はっきりと見せてください。わたしを強め、新しくし、あなたを疑う心からわたしを引き上げてください。あなたの愛を感謝します。アーメン。

　太陽が昇ることと同じように、わたしはキリスト教を信じている。それが目に見えているからというだけではない。その光をもって、それ以外のすべてを見ているからだ。

——Ｃ・Ｓ・ルイス

3月23日

美しさとは

イスラエルの中でアブサロムほど、その美しさをたたえ
られた男はなかった。足の裏から頭のてっぺんまで、非
のうちどころがなかった。

(サムエル記下 14 章 25 節)

　愛する主よ、本当に美しい人とはどのような人のことで
しょう。アンチ・エイジング業界が成長しています。美容、
化粧、整形手術など、外見を変えるためのあらゆる技術があ
ります。わたしたちの頭は外面の美を整えることでいっぱい
です。

　けれども、内面の美しさに勝る輝きはありません。真の美
しさにわたしたちが気付くことができるよう、あなたの聖霊
で導いてください。

　鏡に映る自分が気に食わない日には、あなたがわたしに下
さった特別な一面を見させてください。あなたの愛をわたし
自身が表すことができますように、アーメン。

　あなたのうちに愛が増すと、美しさも増す。愛とは魂の美
しさだからだ。

—— アウグスティヌス

3月24日

権威を持つ方

わたしは天と地の一切の権能を授かっている。
(マタイによる福音書 28 章 18 節)

　わたしの創造主である神よ、あなたはわたしを造り、わたしの人生の脚本を書いて、主役を演じるチャンスを与えてくださいました。わたしには二つの選択肢があります。あなたの完全な権威の下で御旨に従って生きるか、自分のやり方で生きるかという選択肢です。
　父よ、あなたの完全な権威の下にいられることを、感謝します。あなたの権威を疑うことがないように、あなたの愛の御手でお守りください。わたしが間違っても、必ず赦してくださるあなたの偉大な愛のゆえに、わたしには恐れがありません。
　あなたは天と地の一切の権威と権能をお持ちです。あなたの権威の下に生きるゆえに、あなたが与えてくださる賜物に感謝します。アーメン。

　　　　最も賢い者が、最も大きな権威を持っている。
　　　　　　　　　　　　　　　　　―― プラトン

3月25日

あなたの招き

〝霊〟と花嫁とが言う。「来てください。」これを聞く者も言うがよい、「来てください」と。渇いている者は来るがよい。命の水が欲しい者は、価なしに飲むがよい。
(ヨハネの黙示録 22 章 17 節)

　王の王よ、あなたの招きを感謝の心で受け取ります。あなたの救いを得るために必要なものは、何もありませんでした。ただあなたの惜しみない招きのゆえに、わたしはあなたのところに来ました。愛と憐れみをもってわたしを受け入れてくださり、ありがとうございます。地上でのわたしの働きが終わるとき、あなたのところに招いてくださることにも、感謝します。
　渇いた魂の満たしを求めるすべての人のために祈ります。皆があなたのところに来ますように。あなたを離れたところで、人は真に生きることはできません。主イエスの聖なる御名を通して祈ります。アーメン。

　　　あるがままわれを　血(ち)をもてあがない、
　　イエス招きたもう、み許(もと)にわれゆく。
　　　　　　　── シャーロット・エリオット

3月26日

よい実を結ぶ

> わたしは、戦いを立派に戦い抜き、決められた道を走りとおし、信仰を守り抜きました。
> （テモテへの手紙二 4章7節）

　主よ、今日わたしが成し遂げたことすべてに、感謝します。達成感という祝福を、ありがとうございます。このような日には、人生の目的について、いつもより鮮やかに思い描くことができます。今日は、これまでの仕事が実を結ぶ日でした。このことをあなたに報告できることを喜んでいます。いつもは、物事をやり遂げることができず、がっかりした気持ちをあなたに告げることのほうが多いからです。

　あなたは、わたしのために仕事を与え、それを行うよう召しておられます。喜んでその仕事を行えること、また、その仕事を行う中で自分の進歩を確認できることを感謝します。今日、よい実を結ばせてくださり、ありがとうございます。アーメン。

　実り多い一日を過ごせば、夕暮れ時に喜びを感じることができる。

———— トマス・ア・ケンピス

3月27日

賜物を生かす

あなたがたはそれぞれ、賜物を授かっているのですから、神のさまざまな恵みの善い管理者として、その賜物を生かして互いに仕えなさい。

(ペトロの手紙一 4章10節)

　父よ、どこを見ても、あなたがお造りになったすばらしいものにわたしたちは囲まれています。あなたの御業は、優れた仕事の見本です。
　今日、何をするにしても質の高い仕事をすることができますように。自負をもって、ベストを尽くしてその仕事に当たることができるよう助けてください。授かっている賜物を人のために用いる機会を与えてください。細心の注意を払って喜んでわたしの仕事を行い、あなたに栄光を帰し、あなたを喜ばせることが、主よ、わたしの心の望みです。アーメン。

自分が持っている特別な賜物や才能を発見し、それを人の啓発と主に栄光を帰すために使うとき、あなたは人生に大いに満足するだろう。

―― ニール・アンダーソン

3月28日

生まれた目的

そして、わたしたちが命じておいたように、落ち着いた生活をし、自分の仕事に励み、自分の手で働くように努めなさい。
　　　　　(テサロニケの信徒への手紙一 4章11節)

　主よ、わたしが造られた目的を、あなたははっきりとご存じです。わたしの人生にあなたがお持ちのご計画を、知ることができますように。「わたしにしかできないことをするために、わたしは生まれたのだ」ということを信じ、へりくだってあなたの導きを求めます。
　わたしたちは、あなたに仕える最善の方法を求めています。わたしたちを祝福してください。聖霊を注ぎ、助け手を送り、わたしたちの歩みを励ましてください。あなたが望んでおられる使命を果たすために、あなたの助けが必要です。あなたの召しを見いだし、それに応じようとするわたしたち一人一人と、共にいてください。アーメン。

　あなたが造られた目的を発見しようと熱心に努めよ。そして、その目的を遂げるために、情熱をもって自分をささげよ。
　　　　　——マーティン・ルーサー・キング・ジュニア

3月29日

必要を満たす神

わたしの神は、御自分の栄光の富に応じて、キリスト・イエスによって、あなたがたに必要なものをすべて満たしてくださいます。

（フィリピの信徒への手紙一 4章19節）

主よ、わたしは何かを切に求めるあまり、すでに備えられているものが目に入らないことがあります。それほどまでに気にかけてくださることを、心から感謝します。困難な状況にあっても、あなたは多くを与えてくださいます。力づけてくれる友人、あなたが共にいてくださるという慰め、将来の希望などです。

どうぞ、世界中のあなたの子どもたちの必要を、いつも満たしてください。わたしの家族にも、それぞれの心が求めているものを与えてください。主よ、あなたのすばらしい真実に感謝します。アーメン。

神がわたしたちに石だらけの道を歩かせるときには、丈夫な靴を履かせてくださる。

—— アレクサンダー・マクラーレン

3月30日

声の限りに

見よ、わたしは生きとし生けるものの神、主である。わたしの力の及ばないことが、ひとつでもあるだろうか。
(エレミヤ書32章27節)

　父よ、あなたのすばらしさを、声の限り叫びたくなることがあります。御声をまだ聞いたことがないすべての人に聞いてほしく思います。「立ち止まって、この宇宙を造られたあなたを見上げてほしい。そのためにどんなことでもしたい」と思うのです。
　すべては御手の中にあります。あなたは真の力の源、地上の生きとし生けるものを造られた方。ただ唯一の、真実の生ける神です。あなたを知らない人たちが、今日、あなたの方を向くことができますように。主イエスの御名によって、アーメン。

　神は、ただご自身の力に応じてお与えになる。つまり、神はわたしたちが求める以上にお与えになるのである。
　　　　　　　　　　　　　　　── マルティン・ルター

3月31日

わたしの救い主よ、わたしを用いてください、
あなたの目的とあなたの道のために。

ここにわたしの貧しい心があります。
この空の器をあなたの恵みで満たしてください。

ここにわたしの罪深く悩める魂があります。
あなたの愛で元気づけてください。

わたしの心を住まいとしてください。
わたしの口をお使いください、
御名の栄光を広めるために。

わたしの愛と力を用いてください、
あなたを信じる者が前に進むために。

確かな信仰が揺らぐことのないよう、
どうぞわたしをお守りください。

ドワイト・ムーディー

4 月

賢者と愚か者

自分を賢者と思い込んでいる者を見たか。
彼よりは愚か者の方がまだ希望が持てる。
(箴言 26 章 12 節)

　父よ、愚かな行動をしてしまったとき、わたしの心は悲しみます。どうぞわたしの愚かさを赦し、知恵を与えてください。もっとよい選択ができるよう、成長させて下さい。その希望のうちに、あなたを見上げます。自分の益にならない悪を行う誘惑に、あらがうことができますように。健やかで希望にあふれた心をわたしに与えてください。
　どうぞわたしの人生を祝福し、わたしの行いと思いを新しくして、あなたに誉れを帰させてください。愚かな行動をしたら、正しい道へと戻してください。あなたの愛と憐れみを証しする者として、あなたに仕えることができますように。イエスの御名によって祈ります。アーメン。

　　　　神を知らぬ者は心に言う
　　　　　「神などない」と。

(詩編 53 編 2 節)

4月1日

御翼の陰に

わが主はあなたたちに
災いのパンと苦しみの水を与えられた。
あなたを導かれる方は
もはや隠れておられることなく
あなたの目は常に
あなたを導かれる方を見る。
（イザヤ書 30 章 20 節）

　主よ、逆境にあるとき、試練のときには、自分が弱く不安な子どものように感じます。そのようなとき、あなたはわたしを抱き上げ、支えてくださいます。あなたに寄りかからせ、慰めてくださいます。
　この地上で何に直面しても、あなたが共にいてくださることを信じます。あなたの優しさと導きに感謝します。あなたにあってのみ、わたしは強くなり、あなたが望まれる人間へと成長することができます。アーメン。

　　　逆境とは、神の翼の陰にいるときである。
　　　　　　　　　―― ジョージ・マクドナルド

4月2日

献身

あなたの神、主を畏れ、主に仕え、主につき従ってその御名によって誓いなさい。

(申命記 10 章 20 節)

　主よ、あなたはいつも変わらずにわたしを愛し、忍耐強く導き、そばにいてくださいます。それゆえ、わたしはへりくだります。わたしの限りある心では、あなたを理解し尽くすことはできません。けれどもあなたに頼れば、あなたは必ずそこにいてくださいます。ありがとうございます。
　父よ、今日、このようなわたしを慰めてください。あなたの愛の御手でわたしの手を握ってください。わたしがあなたを求め、信じ、信頼することができますように。わたしのすべてをあなたにささげます。自分自身のほかにはささげるものを持たないわたしの献身を、どうぞ祝福してください。アーメン。

　　　　　主よ、御心に従わせてください。
　　　　　　　　　　　── 御復活のラウレンシオ

4月3日

希望の種

> 神は豊かな憐れみにより、わたしたちを新たに生まれさせ…生き生きとした希望を与え、
> 　　　　　　（ペトロの手紙一1章3節）

　主よ、あなたはわたしの魂に希望の種をまいてくださいました。その種が芽を出し育つことを、わたしは心から望みます。あなたはわたしの将来の希望であり、今日という日を喜ぶ理由です。

　あなたは、わたしが生まれる前からわたしが造られた意味をご存じです。あなたは、わたしへの望みと、わたしのためのご計画をお持ちです。わたしはあなたのうちに新しく生まれました。どうぞわたしをあなたの恵みで新しくし、あなたの霊で強めてください。あなたの弟子として聖霊の実を結ぶことができますように。あなたを喜ばせ、人を幸福にすることができますように。

　あなたの愛の手を、絶えずわたしの魂に置いてください。イエスの御名によって、アーメン。

　黒い土の中の種も、美しいばらの花に変わる。それならば人の心も、高みを目指して長い旅をする間に変わらぬはずがない。

—— ギルバート・キース・チェスタトン

4月4日

主に向かって歌う

主に向かって喜び歌おう。
救いの岩に向かって喜びの叫びをあげよう。
（詩編 95 編 1 節）

　主よ、あなたは、わたしたちの心を音楽で満たしてくださいます。賛美歌を歌えば、わたしたちの霊は福音で満たされ、魂は落ち着きます。
　主よ、あなたが愛によって与えてくださったすべてのものを喜び、あなたを賛美します。いつの日か、わたしたちは御座を囲み、心行くまで賛美の歌を歌うでしょう。その日が来るまで、わたしたちに歌う理由を与えてください。
　あなたはすばらしい神です。今日という日を祝福し、あなたがわたしたちの人生にしてくださったことを喜ぶ歌を、歌わせてください。アーメン。

　音楽は、神への愛と献身を表すこの上ない手段だ。音楽は、神がわたしたちに下さった、最もすばらしく喜ばしい贈り物の一つだ。

——マルティン・ルター

4月5日

助けてください

わたしの助けは来る
天地を造られた主のもとから。
（詩編 121 編 2 節）

　父よ、何よりも強い祈りは、「助けてください」です。何を祈るべきか分からないときもありますが、わたしは確かにあなたの導きを必要としています。今日わたしは、あなただけが与えることのできる助けを求め、祈ります。あなたはわたしの心を希望で満たし、沈み込むわたしの霊を新しくしてくださいます。

　あなたがわたしを助けてくださるように、わたしも進んで人を助けることができますように。何をするにしても、あなたによって心が満たされ、あなたの偉大な愛を人に示す機会を見つけることができますように。

　あなたの助言と忠告を切に求めます。どうぞいま再び、わたしを近くに引き寄せてください。あなたを賛美し、感謝します。アーメン。

あなたの愛する人々が助け出されるように
右の御手でお救いください。
（詩編 60 編 7 節）

4月6日

恵みに感謝する

どんなことにも感謝しなさい。これこそ、キリスト・イエスにおいて、神があなたがたに望んでおられることです。

(テサロニケの信徒への手紙一 5章18節)

　主よ、あなたに感謝する理由を挙げ尽くすことはできません。理解できないほど多くの恵み、わたしが受けるに足らない恵みで、あなたはわたしの人生を満たしてくださいます。あなたは、赦し、救い、平和、憐れみという、お金では買えない賜物を与えてくださいます。
　この世にいると、買い物や家計などに心奪われてしまいます。けれども、何を所有していても、あなたの恵みと憐れみなくしては意味がありません。主よ、今日わたしは、あなただけが人生に与えてくださる恵みと可能性に、心から感謝します。アーメン。

　　　　感謝は魂から湧き出る最も美しい花だ。
　　　　　　　　——ヘンリー・ウォード・ビーチャー

4月7日

この命に感謝する

『我らは神の中に生き、動き、存在する』
（使徒言行録 17 章 28 節）

　主よ、あくびをしながらむだに過ごしてしまう日もあれば、生命力にあふれている日もあります。あなたは、わたしたちに命を授け、守ってくださいます。ですからわたしたちは生き、活動することができます。わたしたちの存在はあなたのうちにあります。
　父よ、この命をありがとうございます。言葉に表せない方法であなたとつながるすばらしい瞬間に感謝します。与えられた命を一瞬たりとも当然のものと思わず、完全に生き切ることができますように。わたしに与えられている命のゆえに、あなたを賛美し、感謝します。アーメン。

　生きとし生けるものすべてをより貴く、より美しくすることを助けてこそ、人の命は初めて意味を持つ。命は聖なるものだ。つまり、そのほかのどのような価値も、命よりも下位にあるものなのだ。

　　　　　　　　　　　——アルベルト・アインシュタイン

4月8日

福音の光

この世の神が、信じようとはしないこの人々の心の目をくらまし、神の似姿であるキリストの栄光に関する福音の光が見えないようにしたのです。
　　　　　　　（コリントの信徒への手紙二 4章4節）

　父よ、福音の光を与えてくださりありがとうございます。御子イエスは、あなたに近づく道を開いてくださいました。
　御言葉が大昔のものだと思っている人の目を開いてください。自分が被造物であることを知らない人たちの人生に介入してあなたご自身の姿を見せてください。その人たちがあなたを知り、あなたを愛するようになりますように。
　このままの姿で御前に出ることができる喜びに、わたしの霊は躍ります。ありがとうございます。アーメン。

　福音は、大昔から持っている力を何一つ失っていない。罪人が福音を受け取るために、人が画策できることは何もない。神が福音を送ったならば、いかなる力もそれを妨げることはできないからだ。しかし福音が神からのものでなければ、いかなる力もそれを効力あるものにすることはできない。
　　　　　　　　　　―― エセルバート・W・バリンガー

4月9日

恵みの賜物

わたしたち一人一人に、キリストの賜物のはかりに従って、恵みが与えられています。
(エフェソの信徒への手紙 4 章 7 節)

　主よ、わたしには、あなたの驚くべき賜物を理解することはできません。賜物を最大限に生かし切り、完全に自分のものにすることも、易しいことではありません。
　限りあるわたしの心は、永遠の命の意味を真に理解することはできません。自分が聖なる者だとも感じません。けれどもあなたは、わたしをこのままで受け入れてくださいますから、絶えることなくあなたに感謝します。わたしがへりくだってあなたに返すものを、あなたは確かに受け取ってくださいます。
　主よ、あなたの恵みと限りのない愛に感謝します。あなたはわたしに、受けるに値する以上のものを与えてくださいます。アーメン。

神の賜物とはなんと祝福された、また驚くべきものであることよ。不死の命、輝くばかりの義、欣然たる真理、確信した信仰、聖なる節制…
　――クレメンスの手紙―― コリントのキリスト者へ（Ⅰ）
(小河陽・訳)

4月10日

美しい一日

喜んでいる人は、賛美の歌をうたいなさい。
(ヤコブの手紙 5 章 13 節)

　主よ、今日は晴れ晴れとした、さわやかで、光に満ちた日です。わたしの心配をすべて委ねることをあなたは望んでおられます。全く心配しないことなど不可能ですが、今、すべての不安をあなたに委ねます。あなたがわたしに最善を望んでおられ、計り知れないほど祝福してくださっているということを、知っているからです。貴重な一日一日を、心配ばかりしてむだにするわけにはいきません。
　父よ、わたしが歩くところや会う人の顔にあなたの存在を感じることができる、今日のような日に感謝します。主よ、あなたと過ごせば、今日も美しい日です。アーメン。

被造物の幸福は、神を喜ぶことにある。そのことにより、神の偉大さはさらに増し、高められる。
　　　　　　　　　　　―― ジョナサン・エドワーズ

4月11日

夢を描く

欲望がかなえられれば魂は快い。
（箴言 13 章 19 節）

　愛する主よ、ミケランジェロのような本物の芸術家になることはできません。けれどもあなたは、芸術を理解する目をわたしに授けてくださいました。御手の業を、またあなたの被造物が作った美しいものを、楽しめるようにしてくださいました。
　あなたは、芸術家の心もわたしに授けてくださいました。夢と希望を思い描く力、そしてあなたとならば不可能はないと信じる自由な心を与えてくださったのです。偉大な芸術家の賜物はわたしにはありませんが、芸術家のように未来を描くことのできる人生は豊かです。このすばらしい賜物に、感謝します。アーメン。

　真の芸術作品とは、神の完全さを映すものである。
　　　　　　　　　　　　　　　―― ミケランジェロ

4月12日

沈黙は金なり

主よ、わたしの口に見張りを置き
唇の戸を守ってください。
(詩編 141 編 3 節)

　主よ、話をしないで過ごす静かな時間が好きです。あなたと話し、あなたの臨在の中にたたずみ、静けさの中で命の水を飲めば、わたしの霊は満たされます。静かに休みたいときには、あなたは憩いの水のほとりにわたしを伴ってくださいます。ありがとうございます。
　あなたと二人だけの時間を持たずにいると、わたしはすぐ、独りで何でもできるような気になります。そのようなときには、じっと静まることをわたしに思い出させてください。そして、力と知恵をあなたに求めることができますように、アーメン。

沈黙は祈りの母である。沈黙は捕らわれ人を解放し、神の炎を防ぎ、理性を見張り、悔い改めの思いを守る。

—— 聖ヨアンネス・クリマクス

4月13日

わたしの父は農夫

わたしにつながっていなさい。わたしもあなたがたにつながっている。

（ヨハネによる福音書 15 章 4 節）

　神よ、あなたは、ぶどう園の農夫として、枝であるわたしたちの手入れをしてくださいます。そうしなければ、わたしの人生はこんなにもいとおしい、意義深く恵みに満ちたものにはなりません。あなたはわたしの歩みを導き、わたしのうちから疑いや不信仰の芽を摘み取ってくださいます。あなたは、あなたが計画されたとおりの姿へと、わたしを成長させてくださる方です。

　あなたのぶどう園で育つわたしたちが枝のようにあなたにつながり、離れないようにお守りください。あなたはご自分のぶどう園をよく手入れなさる方であり、どんな枝にも満開の花を咲かせることがおできになる方です。気配りの行き届いた農夫である神よ、ありがとうございます。アーメン。

　信仰とは、活気があり、力強く、創造的なものだ。けれどもより的確に言い表すならば、それは行いではなく、忍耐である。信仰は、人の精神と心を変える。

── マルティン・ルター

4月14日

人生の重荷

> わたしたちの一時の軽い艱難は、比べものにならないほど重みのある永遠の栄光をもたらしてくれます。
> （コリントの信徒への手紙二 4章17節）

　父よ、また今日も思いどおりにならない日でした。どうぞわたしを助け、元の軌道に戻して、行く道に横たわる障害を乗り越えさせてください。
　わたしの歩みを正しく導く方はあなたしかいません。ですからもう一度、あなたに立ち帰ります。これからの道を共に歩んでください。主よ、あなたはわたしたちの力、案内人、守り手、後見人です。わたしたちは皆、あなたが必要です。人生の重荷に押し潰されそうなときには、とりわけあなたが必要です。あなたのところにいつでも行くことのできる恵みを、感謝します。アーメン。

　逆境にあってこそ、最もよく神の愛を味わうことができる。
　　　　　　　　　　　　　　　── ジョン・バニヤン

4月15日

隣人を愛する

自分自身を愛するように隣人を愛しなさい。
（レビ記 19 章 18 節）

　主よ、朝起きるとき、あなたが近くにおられることを知って、わたしは喜び躍ります。照る日も降る日も、あなたは人生に光をもたらしてくださいます。わたしのすることに知恵とひらめきを与えてくださり、感謝します。
　主よ、今日わたしは、近所の人たちのために特に祈ります。隣人がどのような問題や心配を抱えており、何を喜んでいるか、わたしには分かりません。けれども確かなのは、どの人にもあなたの支えと慰めが必要であるということです。あなたの永遠の光と愛をもって隣人を祝福してください。
　今日、まだ知り合っていない隣人への愛でわたしの心を満たし、明日、その人をわたしの友人としてください。アーメン。

全人類の幸せのために祈る普遍的で熱心な愛の心ほど、神がお喜びになるものはない。

——ウィリアム・ロー

4月16日

真実を見抜く力

> すべてを吟味して、良いものを大事にしなさい。あらゆる悪いものから遠ざかりなさい。
> （テサロニケの信徒への手紙一 5 章 21-22 節）

　主よ、わたしはお人好しのきらいがあります。人を疑わず、状況を楽観し過ぎたり、よいことだけを期待したりします。そのために人にだまされるような目に遭うと、がっかりしてしまいます。
　わたしに洞察力を与え、真実を見抜けるよう助けてください。また、わたし自身が人をだましたりしないよう、お守りください。あなたの愛にふさわしい者でありたいのです。
　この世は不正に満ちています。あなたの助けなくしては、わたしもそこに巻き込まれてしまいます。今日、本当のことを見抜く力をわたしたちに与えてください。アーメン。

> 　　神に逆らう者は悩みが多く
> 　主に信頼する者は慈しみに囲まれる。
>
> 　　　　　　　　　　　（詩編 32 編 10 節）

4月17日

あなたを見上げて

主の使いはその周りに陣を敷き
主を畏れる人を守り助けてくださった。
（詩編 34 編 8 節）

　天の父よ、何もかもがうまくいかず、一つのことを終えるのに、いつもの倍の時間がかかることがあります。まるで障害物コースの中を走り回っているようです。
　わたしのことで、あなたもそのような思いをなさることがあるのではないでしょうか。それは、あなたの愛と導きの邪魔になる障害物をわたし自身が置いてしまい、あなたが見えず、つまずいてばかりになるときです。そのようなときには、あなたがはっきりと方向を示してくださるまで立ち止まり、待つことができますように。
　わたしの人生は、あなたの上に固く築かれています。あなたはわたしを導く天の星です。立ちはだかる障害物ではなく、あなただけを見上げることができますように、アーメン。

　障害を克服することで力を得る人は、逆境を克服できるただ一つの力を持っている。

—— アルベルト・シュヴァイツァー

4月18日

告白

自分の罪を公に言い表すなら、神は真実で正しい方ですから、罪を赦し、あらゆる不義からわたしたちを清めてくださいます。

(ヨハネの手紙一1章9節)

　主よ、時にわたしは、物事を適切に行わず、間違いを犯してしまうことがあることを告白します。心は正しい方向を向いていても、すべきと分かっていることを実行できないのです。

　わたしが物事を正確にこなし、より一層努力し、どんなに困難でも正しいことができるよう、助けてください。自分自身もごまかすことなく、迷ったらあなたに助けを求めることができますように。

　御前にわたしの弱さを差し出しますから、あなたの力をもってわたしのところに来て、わたしに新しい心を与えてください。ここ数日の間にわたしが犯した罪と、すべきなのにしなかったことを、どうか赦してください。アーメン。

我々は、自分のうちにあるはずのものではなく、実際にあるものを神の前に差し出さなければならない。

―― C・S・ルイス

4月19日

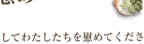

慰め

神は、あらゆる苦難に際してわたしたちを慰めてくださるので、わたしたちも神からいただくこの慰めによって、あらゆる苦難の中にある人々を慰めることができます。
（コリントの信徒への手紙二1章4節）

　主よ、あなたがいつも見守っていてくださるので、わたしはあなたの優しい腕の中で安らいでいます。あなたは母鳥のように翼を広げ、わたしを近くに抱き寄せてくださいます。わたしをそんなにも愛してくださり、ありがとうございます。
　今日、わたしの周りで特に慰めを必要としている人たちのことを、思い出させてください。あなたにあって安らぎ、あなたに愛され、気にかけていただく喜びを、人と分かち合うことができますように。
　困ったときこそ、あなたに恵みと憐れみを求めるよい機会だということを、思い出させてください。あなたは愛の心でわたしを囲ってくださいます。尽きることのない憐れみのゆえに、主よ、あなたを賛美します。アーメン。

　神は、我々が慰められるためだけに、我々を慰めてくださるのではない。人を慰める者とするために、慰めるのだ。
　　　　　　　　　　　　　　―― ジョン・H・ジョウェット

4月20日

十字架を知る

彼が刺し貫かれたのは
わたしたちの背きのためであり
彼が打ち砕かれたのは
わたしたちの咎のためであった。
（イザヤ書 53 章 5 節）

　恵みと憐れみの主よ、十字架の御業の意味を、わたしは全身全霊で理解しているでしょうか。
　なぜあなたは、あのようなことをしてくださったのでしょう。あなたが払ってくださった犠牲に値する者に、わたしは決してなれません。それでも心から願うのは、少しでもあなたに望まれる者になることです。
　あなたが踏み出してくださった信じられないほど尊い一歩をわたしは喜び、心打たれています。天の父よ、ありがとうございます。アーメン。

　十字架はわたしたち人間についての神の真実の現れであり、わたしたちを真実な者にする唯一の力である。十字架を知ると、わたしたちはもはや、真実を恐れる必要はなくなる。
　　　　　　　　―― ディートリヒ・ボンヘッファー

4月21日

良心について

自分には何もやましいところはないが、それでわたしが義とされているわけではありません。わたしを裁くのは主なのです。
（コリントの信徒への手紙一 4章4節）

　主よ、正しい選択ができるようにとわたしたちに良心を下さり、ありがとうございます。
　良心の声は、あなたの霊から来る静かで小さな声です。それを一層よく聞くために、あなたの助けが必要です。どうかすべての人があなたに信頼し、ほかの声に惑わされてあなたから離れることがないようにしてください。
　これから今日の日を始めます。主よ、あなたを賛美するわたしの心が輝き、あなたを喜ばせることができますように、アーメン。

　良心は、わたしたちの最も深いところで、神の存在と善悪の違いを教えている。

—— ビリー・グラハム

4月22日

立ち向かう勇気を

主はわたしの光、わたしの救い
わたしは誰を恐れよう。主はわたしの命の砦
わたしは誰の前におののくことがあろう。
（詩編 27 編 1 節）

　父よ、臆病者ではなく勇敢な者として、あなたはわたしたちを造られました。あらゆる恐れに打ち勝ち、どのような障害も克服できるほどに、あなたを信頼することができますように。

　世界では恐ろしいことが多く起きています。身のすくむような環境に置かれている人を思うと、悲しみで心が痛みます。主よ、強く、落ち着いた心であなたの前に立つことができるよう、あなたの子どもたちを助けてください。

　今日、そしてこれからの日々、どのような問題に直面しても、あなたがわたしと共におられることを分からせてください。あなたの恵みと憐れみによって、立ち向かう勇気を与えてください。アーメン。

目の前の恐怖に真っ向から立ち向かう経験を通して、強さと勇気と自信を身に付けることができる。自分にはできないと思うことをしなさい。

—— エレノア・ルーズベルト

4月23日

ささげます

主よ、あなたの道をお教えください。
わたしはあなたのまことの中を歩みます。
（詩編 86 編 11 節）

　主よ、日々小さなことで不平ばかり言っているわたしを、赦してください。あなたの霊がもたらす平安だけが、わたしの心を満たしますように。
　わたしの必要も願いも希望も、すべて御前に差し出します。わたしに砕かれた心を与えてください。自分ではその全体像を理解できなくても、人生のどのような状況も受け入れることができますように。
　人や自分に不満があると、また時にはあなたに不満があると、不平を言ってしまいます。けれども不平不満はあなたに奉仕するものではありません。今日わたしは、わたしのすべてをあなたにささげます。アーメン。

　ある人の力の大きさは、その人がどれだけ自身を神にささげているかによって決まる。
　　　　　　　　　　　　　　　—— ウィリアム・ブース

4月24日

成功の秘訣

彼が主を求めている間、神は彼を繁栄させられた。
（歴代誌下 26 章 5 節）

　主よ、あなたを知った者として、わたしは成功を収めることができるはずです。けれども事はそれほど単純ではありません。あなたの助言を求めて立ち止まることなく、自分だけで先に進んでしまうことがよくあるからです。
　あなたの道を求めるのではなく、自分の流儀で物事を進めたために、願っていたことと全く違う結果になることもよくあります。これからは一層注意を払い、思慮深く、そしてさらなる祈りをもって、あなたを求めることができますように。
　この地上で、あなたに仕える者、あなたの使者になりたいと、わたしは切に願っています。あなたの大きな愛に感謝します。アーメン。

　わたしの成功の秘訣は簡単だ。聖書に書いてある。「常に主を覚えてあなたの道を歩け。そうすれば主はあなたの道筋をまっすぐにしてくださる。（箴言 3 章 6 節）」

—— ジョージ・ワシントン・カーヴァー

4月25日

遣わされた目的

> 神がわたしをあなたたちより先にお遣わしになったのは、この国にあなたたちの残りの者を与え、あなたたちを生き永らえさせて、大いなる救いに至らせるためです。
>
> （創世記 45 章 7 節）

　愛するイエスよ、あなたからの使命を果たすことを切に求めます。あなたがわたしをここに送られたのは、善を行い、恵みに満ちた人生を送るため、また、あなたが用意してくださった仕事をするためです。

　使命を果たさずに一生を終えることがないよう、与えられた使命を探し求めることができますように。あなたにもっと近づくことを、絶えず求めさせてください。わたしが誰で、何者で、何ができるかを、あなたはご存じです。わたしが日々、あなたの御旨にかなう者となれるよう、お導きください。「わたしの存在には意味がある」というこの喜びを感謝します。アーメン。

　この世で最も大切なことは、神の意志が何であるかを確信することではなく、それを心から求め、そこで自分が理解したことに従うことである。

　　　　　　　　　　　　　　—— ポール・トゥルニエ

4月26日

祈り手になる

だから、言っておく。祈り求めるものはすべて既に得られたと信じなさい。そうすれば、そのとおりになる。
(マルコによる福音書 11 章 24 節)

　愛する主よ、祈りを通して絶えずあなたとつながり、朝起きたらまずあなたを思うことを、切に望みます。晩には、その日一日を感謝をもって思い返し、あなたがわたしと共に臨んでくださったチャンスや問題について考えることも、わたしの願いです。あなたと歩き、あなたと話し、どこへ行くにもあなたの後について行きたいのです。

　今日わたしは、強い祈り手になることを祈り求めます。ご臨在の中で時間を過ごす機会を逃すことがありませんように。わたしが行くところ、どこでも御姿を見ることができるよう助けてください。今日、そしていつでも、わたしの祈りを聞いてください。あなたの大いなるまことのゆえに、あなたを賛美します。アーメン。

　祈りは、神の憐れみと祝福という宝の箱を開ける鍵である。
　　　　　　　　　　　── ヘンリー・ウォード・ビーチャー

4月27日

わたしのすべて

　神を愛する者たち、つまり、御計画に従って召された者たちには、万事が益となるように共に働くということを、わたしたちは知っています。
（ローマの信徒への手紙 8 章 28 節）

　主よ、あなたは神です。すべてを備えてくださる方、弁護者、救い主、憐れみ深い方、赦し主、そしてわたしが必要なものすべてです。あなたは、この世界の運命を、次に来る未来を、手中に握っておられる唯一の方です。
　わたしが何度失敗しても、あなたはいつもそこにいて助けてくださいます。あなたはわたしの必要をご存じで、悪を善へと変えてくださる方です。あなたの限りない愛と言葉に尽くせない忍耐を、賛美し感謝します。
　主よ、わたしたちがどこにいても見守り、必要を満たしてください。あらゆる機会を捉えて、この地上であなたの手となり足となることができますように、アーメン。

　宇宙にあまねく行き渡る神の摂理を固く信じることで、地上の問題はすべて解決する。
　　　　　　　　　　　　—— B・B・ウォーフィールド

4月28日

成長を求めて

わたしたちの主、救い主イエス・キリストの恵みと知識において、成長しなさい。
(ペトロの手紙二 3章18節)

　主よ、わたしは、あなたの園にまいていただいた種です。あなたが管理してくださる肥沃な土に根を張るならば、わたしは成長し、たわわに実ることでしょう。わたしの伸び過ぎた枝を切り詰め、肥料を施すことができる方は、あなたのほかにいません。わたしを造られたあなただけが、わたしのなるべき姿をご存じです。
　有能な庭師である父よ、わたしを養い育ててください。御旨とご計画に従って、わたしの人生に恵みの雨と日の光を注いでください。あなたをますます深く知って、強く成長することができるよう、わたしの霊を新しくしてください。わたしの人生、そしてわたしの愛する人たちの人生に、あなたの愛を映してください。アーメン。

　　神に向かわない成長は、破滅に向かう成長である。
　　　　　　　　　　　　—— ジョージ・マクドナルド

4月29日

読書を通して

神よ、わたしの内に清い心を創造し
新しく確かな霊を授けてください。
（詩編 51 編 12 節）

　主よ、あなたがこの世に置いてくださっている本、特に、あなたの御言葉に感謝します。それは地上で生きるための力強い導き手です。あなたをもっとよく知りたいと望むわたしたちが、あなたが備えられた書き手の言葉からインスピレーションを得ることができますように。
　古い時代の著者たちに霊感（インスピレーション）を与えてくださったことに感謝します。過去の作家があなたから得たものを、わたしたち後の世代は味わい続けています。また、現代の作家たちにも特別な祝福を与えてください。アーメン。

キリスト者は、黙想のために行う読書を通して、神と親しく
　一つになることができる。
　　　　　　　　　　　　　　　—— ジョナサン・エドワーズ

4月30日

達成するために強さを求めたが
へりくだり従うことを学ぶようにと
神はわたしを弱くされた。
偉大なことをするために健康を求めたが
よいことをするようにと
神はわたしに病を与えられた。
幸福になるために富を求めたが
賢くなるようにと
神はわたしを貧しくされた。
人の称賛を得るために権力を求めたが
神の求めを感じるようにと
神はわたしに弱さを与えた。
人生を楽しむためにあらゆるものを求めたが
すべてを楽しむようにと
神はわたしに命を与えた。
求めたものは何一つ得られなかったが
わたしの望みはすべてかなえられた。
わたしが祈ったことではなく
祈らなかった祈りが答えられ
誰よりも豊かな祝福をわたしは受けた。

南北戦争、南部同盟の兵士による祈り

5月

神の力

　わたしたちの内に働く御力によって、わたしたちが求めたり、思ったりすることすべてを、はるかに超えてかなえることのおできになる方に、…栄光が世々限りなくありますように、

　　　　（エフェソの信徒への手紙3章20-21節）

　全能の神よ、わたしの人生を大いに祝福してくださっていることに感謝します。あなたはわたしの日々の必要を満たし、あなたにつながることを許してくださいます。

　あなたの大いなる力に驚き、畏れを抱きます。あなたは無から世界を創造されました。土のちりで命を形づくり、あなたの力で命を養ってくださいます。

　主よ、あなたなしに価値あることを成し遂げる力は、わたしにはありません。ただ御子イエスのゆえに、大きな憐れみでわたしを無条件に受け入れ、愛してくださり、ありがとうございます。あなたという輝かしい方の前にへりくだり、御力を畏れます。アーメン。

わたしたちのうちに神の力があるから、わたしたちの周りにある数々の権力を恐れる必要などない。

　　　　　　　　　　　　　　── ウッドロー・クロール

5月1日

可能性がある

御手がわたしを造り、固く立ててくださいました。
あなたの戒めを理解させ、学ばせてください。

（詩編 119 編 73 節）

　主よ、あなたは、わたしにすばらしい賜物を与えてくださいました。あなたに従ってその賜物を用いるならば、あなたに仕えることになります。

　あなたは、可能性に満ちた者としてわたしを扱ってくださいます。わたしに多くを任せてくださり、あなたが用意してくださるゴールに達する道を、自ら探させてくださいます。あなたがわたしの可能性を信じてくださいますから、一層努力します。

　「自分の弱さを克服してあなたに信頼され、友と呼ばれるにふさわしい者となることができました」と、喜びつつあなたに伝えることのできる日が、いつか来ますように。わたしに可能性を授けてくださり、感謝します。アーメン。

　強さや知力ではなく、継続した努力だけが、わたしたちの可能性の鍵を開く。

—— ウィンストン・チャーチル

5月2日

人生の手綱

わたしの魂は主を待ち望みます
見張りが朝を待つにもまして
見張りが朝を待つにもまして。
(詩編 130 編 6 節)

　主よ、またしてもわたしは、自分のやり方で慌てて物事を進めてしまいました。あなた抜きでは何事も思い描いたとおりにはならず、支離滅裂な結果を招くという教訓を、何回学んだら、わたしは気が済むのでしょう。

　今日わたしと共にいて、わたしが忍耐強くいられるよう助けてください。重要な問題に取り組む前に、あなたを待つことができますように。自分の行動が生む結果をよく考えるべきときに、急いで走り出すのではなく、ゆっくり歩く意志を持てますように。

　あなたがわたしの人生の手綱を取ってください。あなたに従う者にふさわしいペースで静かに歩き、何事もあなたの栄光のためにできますように、アーメン。

答えが得られないままに、神の答えを祈りつつ待つことは容易なことではない。

—— E・M・バウンズ

真実を求める

主を畏れることは知恵の初め。
これを行う人はすぐれた思慮を得る。
（詩編 111 編 10 節）

　主よ、物事を見分け、正否を問う知力を与えてくださり感謝します。今日わたしは、問いを発するタイミングを知ることができるよう、あなたの助けを祈ります。正解に達するだけでなく、そこに至るまでの問いをも味わい、真実を求める過程を楽しむことができますように。
　あなたは、わたしにとっての最善をご存じです。わたしが分別ある態度で物事を行うことができるよう、お導きください。自分は神についての真実を理解したとか、自分が知る真実だけが正しいと主張する人たちがいます。けれども主よ、ほかの何よりも、あなたからの真実を求めることができますように、アーメン。

　賢明な問いを発することができれば、すでに答えは半分出ている。

　　　　　　　　　　　　　　── フランシス・ベーコン

5月4日

完全な道

わたしは自らの正しさに固執して譲らない。
一日たりとも心に恥じるところはない。
（ヨブ記 27 章 6 節）

　父よ、あなたの道が分からないときもありますが、できるかぎりあなたの近くをついて行きます。
　人が選んだ道のほうがよく思えて、自分の行くべき道を見失ってしまうこともあります。けれども主よ、あなたが示される道以上に、よい道などありません。あなたはわたしの人生を導く光です。わたしはあなたにしっかりと結ばれています。
　あなただけが与えうる絶対的な真実を求めるわたしたちと、どうぞ共にいてください。わたしたちが信仰に固く立って、わたしたちのうちにあるあなたの愛の光が、人の見えるほどに明るく輝きますように、アーメン。

わたしは完全な道を歩いてきました。
主に信頼して、よろめいたことはありません。
（詩編 26 編 1 節）

5月5日

プライド

だから、立っていると思う者は、倒れないように気をつ
けるがよい。あなたがたを襲った試練で、人間として耐
えられないようなものはなかったはずです。
（コリントの信徒への手紙一 10 章 12-13 節）

　主よ、わたしはいつのまにか自分と他人を比べ、自分の生
活や仕事、あるいは考えのほうが人のそれよりも大切で、世
に必要とされていると思ってしまうことがあります。悪いプ
ライドです。わたしが人の称賛を求める思いから離れ、あな
たの祝福を指折り数えることができますように。わたしがな
すことすべてをもって、あなたを喜ばせたいのです。
　小さなことを上手にできたからといって、つい胸を張り過
ぎてしまうわたしを愛してくださり、ありがとうございます。
あなただけがわたしの力の源、わたしの愛、わたしの光です。
アーメン。

地上であなたを愛していなければ
天で誰がわたしを助けてくれようか。

（詩編 73 編 25 節）

5月6日

与えられた賜物

あなたがたは皆、信仰により、キリスト・イエスに結ばれて神の子なのです。
（ガラテヤの信徒への手紙3章26節）

　主よ、あなたはすばらしい賜物を人にお与えになります。人生を変えるような才能豊かな人たちの賜物には、驚くばかりです。テレビのタレントショーや、パフォーマーの活躍を目にすると、あなたがお与えになる才能に感動します。
　ところが、あなたにとっては誰もが特別だということを、わたしは忘れがちです。誰も気付かなくても、あなただけは、それぞれの賜物をご存じです。わたしたちは皆あなたの子どもであり、同じ家族の一員なのです。
　わたしが出会うすべての人を、あなたの栄光の光で包むことができますように。どのような人をもあなたと同じ愛と恵みの目で見る意志を、わたしに授けてください。アーメン。

　　　　わたしはあなたに感謝をささげる。
　　　　わたしは恐ろしい力によって
　　　驚くべきものに造り上げられている。

（詩編139編14節）

5月7日

時を大切に

今より後も、わたしこそ主。
わたしの手から救い出せる者はない。
わたしが事を起こせば、誰が元に戻しえようか。
（イザヤ書 43 章 13 節）

　主よ、この新しい日をありがとうございます。あなたがその御手に永遠を握っておられますから、夜、眠りに落ちるとき、次の日にはまた目が覚めると信じることができます。時間というものを、なお一層尊いものとして扱うことができますように。

　時間は飛ぶように過ぎ去ります。一瞬一瞬を腕に抱いておきたいほどですが、そのようなことはできません。時間の所有者はあなただからです。わたしに与えられている日々と時間の長さをご存じなのは、あなただけです。

　あなたがこれまでに与えてくださったすばらしい時間と年月に感謝します。地上での貴重な時間を、いつも賢く用いることができますように、アーメン。

　　　　　神にあっては、時間と永遠は同一のものだ。
　　　　　　　　　　　　　　——ハインリヒ・ゾイゼ

5月8日

わたしの思い

わたしの思いは、あなたたちの思いと異なり
わたしの道はあなたたちの道と異なると
主は言われる。
（イザヤ書55章8節）

　主よ、思いどおりに物事が運ぶことがあります。一方、思いとは正反対の結果になることも、よくあります。あなたの光を輝かせ、あなたに栄光を帰すことができるよう、わたしの思いや考えを養ってください。
　思いというものはそれだけで力があり、だからこそ慎重に自分の思いを形づくらなければなりません。間違った考えや情報は、自分にも他人にも害になるものです。
　主よ、今日、わたしの思いを祝福してください。わたしの思いがあなたの思いとぴったり重なりますように、アーメン。

　主よ、あなたは…遠くからわたしの計らいを悟っておられる。
（詩編139編1-2節）

5月9日

知っておられる

神は、その独り子をお与えになったほどに、世を愛された。
独り子を信じる者が一人も滅びないで、永遠の命を得る
ためである。

（ヨハネによる福音書 3 章 16 節）

　父よ、あなたは、わたしのことをよくご存じです。それな
のに、不思議なほどにわたしを愛してくださいます。わたし
が強くても弱くても、成功しても失敗しても、あなたの愛は
変わりません。わたしが愚かなことをしても、「あなたを愛
しています」と伝えることを忘れても、あなたの愛は減った
り消えたりするものではありません。

　あなたはわたしを知っておられ、あなたの御子イエスのゆ
えに、わたしを愛し続けてくださいます。主よ、この事実を
理解しようとしても、わたしの理解力は全く足りません。わ
たしが倒れればあなたは抱き上げ、怒りの拳をあなたに突き
上げても、そばに来てわたしの心に語ってくださいます。こ
れからもずっと、わたしはあなたをあがめます。アーメン。

　　　主よ、あなたはわたしを究め
　　　わたしを知っておられる。

（詩編 139 編 1 節）

5月10日

交わりに感謝

　兄弟たち、あなたがたは、自由を得るために召し出されたのです。ただ、この自由を、肉に罪を犯させる機会とせずに、愛によって互いに仕えなさい。
　　　　　（ガラテヤの信徒への手紙5章13節）

　主よ、あなたを知る人たちと過ごす時間を、愛しています。互いに励まし合えるよう、あなたの群れを集め続けてください。
　孤独を感じている人、心を閉ざしている人、また、同じ信仰を持つ人たちと集まる機会のない人のためにも祈ります。その人たちを慰め、栄光の主が共にいてくださるということを思い出させてください。
　仲間の輪を広げることに積極的になれますように。わたしたちには、礼拝のために集まる自由が与えられています。そのことを忘れることがないよう助けてください。アーメン。

　しばしば集まって、あなたがたの心にふさわしい事柄を探し求めなさい。
　　　　——十二使徒の教訓（ディダケー）（佐竹明・訳）

5月11日

喜びの季節

ごらん、冬は去り、雨の季節は終った。
花は地に咲きいで、小鳥の歌うときが来た。

(雅歌 2 章 11-12 節)

愛する主よ、計り知れない祝福を、ありがとうございます。春の花が香りを放つこの季節、あなたの愛を受け、わたしの喜びも花開き、育ってゆきます。

あなたはわたしを守り、さまざまな方法でわたしを強め、幸せにしてくださいます。成長と再生の機会を与えてくださり、未来の可能性をいつも約束してくださいます。

困難なときに、大きな視野で物事を見ることができますように。もっとよい機会が訪れる希望を、忘れずにいられますように。わたしのような小さな者の幸せでさえ、あなたは大切に思ってくださることを、ありがとうございます。アーメン。

あなたの僕の魂に喜びをお与えください。
わたしの魂が慕うのは
主よ、あなたなのです。

(詩編 86 編 4 節)

5月12日

もっと愛する者に

どうか、主があなたがたを、お互いの愛とすべての人への愛とで、豊かに満ちあふれさせてくださいますように、わたしたちがあなたがたを愛しているように。
(テサロニケの信徒への手紙一 3章12節)

　主よ、わたしは人と何ら変わりません。隣人を愛するとうそぶきながら、助けを必要としている人がいても、真っ先に助けに行こうとはしません。

　今日、わたしが友人や隣人をあなたと同じまなざしで見ることができるよう、助けてください。人の行動を見て裁くのではなく、まずその人の心を見ることができますように。誰かについての不確かなうわさ話を広めるのではなく、真実を知ろうとすることができますように。人を傷つけることがないよう、助けてください。

　わたしに人を愛することを教えてください。人を愛したいと願う思いを、もっと強くしてください。アーメン。

　　　　主よ、あなたの慈しみは天に
　　あなたの真実は大空に満ちている。

(詩編 36編 6節)

5月13日

忠実に果たす

人間の道は自分の目に正しく見える。
主は心の中を測られる。
（箴言 21 章 2 節）

　主よ、わたしの心をあなたの心と一つにし、すべきことをすべきときにできるよう助けてください。あなたが与えておられる使命を、今日、忠実に果たすことができますように。
　行くべき方向が分からずに、焦る気持ちでいっぱいなときには、ただ静かにたたずみます。わたしの心の望みは、あなたを喜ばせ、あなたが委ねてくださったことを行うことです。あなたなしでは、それは不可能です。
　今、人生の使命を果たそうとしているすべての者と共にいてください。そして、わたしが踏み出す道を祝福してください。アーメン。

　　　　神に従う人の道を主は知っていてくださる。
（詩編 1 編 6 節）

5月14日

目を開いて

体のともし火は目である。目が澄んでいれば、あなたの
全身が明るいが、濁っていれば、全身が暗い。
　　　　（マタイによる福音書6章22-23節）

　父よ、わたしの目はかすんでおり、あなたのご計画のすべてを見通すことはできません。あなたという存在とあなたの愛を、完全に理解することも不可能です。
　わたしの目を開き、あなたを一層敬虔に見ることができるようにしてください。あなたの霊の光でわたしを満たし、わたしの道を照らして、あなたが望むところへと導いてください。わたしの魂にあなたの愛と力の光を豊かに注ぎ、光の中に立たせてください。あなたの光を人にも分け与えることができますように。
　あなたが御子という光を惜しげもなく与えてくださったのに、暗闇の中を歩いてしまったことを赦してください。明るい清らかな心で、はっきりとあなたを見ることができるよう、導いてください。アーメン。

　　　　身を横たえて眠り
　　わたしはまた、目覚めます。
　　主が支えていてくださいます。
　　　　　　　　　　　　（詩編3編6節）

5月15日

説教者のために

御言葉を宣べ伝えなさい。折が良くても悪くても励みなさい。とがめ、戒め、励ましなさい。忍耐強く、十分に教えるのです。

(テモテへの手紙二 4 章 2 節)

主よ、あなたを宣べ伝える人たちのために祈ります。恵みの福音を伝える人に、聖霊を注いでください。あなたへの熱い思いを、説教者たちに与えてください。説教者たちが、あなたの愛と救いの計画を伝えることだけを唯一の動機として、宣べ伝えることができますように。

現代は、あなたを知り、あなたのことを聞き、あなたを受け入れることを拒む時代です。このような時代にあっても、あなたにある希望を宣べ伝える人たちを、どうぞ祝福してください。アーメン。

恵みを示す者があろうかと、多くの人は問います。
主よ、わたしたちに御顔の光を向けてください。

(詩編 4 編 7 節)

5月16日

諦めない

わたしたちは、四方から苦しめられても行き詰まらず、
途方に暮れても失望せず、虐げられても見捨てられず、
打ち倒されても滅ぼされない。
(コリントの信徒への手紙二 4 章 8-9 節)

　主よ、わたしは諦めません。心の望みがかなわないのではないかと思い、落胆することもありますが、諦めません。わたしに夢を授けてくださったのはあなたです。
　途上で出会う障害や問題ばかりを見つめて、勝利を見逃してしまうことがないよう、わたしを導いてください。わたしが先に進めるよう助けてくれる人たちを、大切にすることができますように。倒れることがあっても、父よ、また戦うことができるよう、わたしを抱き起こしてください。
　今日試練に遭っている人たちを祝福し、その人たちにとって勝利の戦士であってください。アーメン。

　　　　　救いは主のもとにあります。
　　　　あなたの祝福が
　　　あなたの民の上にありますように。

(詩編 3 編 9 節)

5月17日

またとない時

だから、言っておく。自分の命のことで何を食べようか
何を飲もうかと、また自分の体のことで何を着ようかと
思い悩むな。命は食べ物よりも大切であり、体は衣服よ
りも大切ではないか。

（マタイによる福音書 6 章 25 節）

　主よ、わたしはよく、「こうなればもっと人生はよくなる」
と考え、今ではなく未来にばかり焦点を当ててしまいます。
けれども、今わたしの手にあるのは今日という日であり、今
の瞬間であるということを、思い出させてください。「今」
こそ、またとない時なのです。
　あなたを喜ばせ、あなたの恵みにふさわしい人生を送りた
いと望むわたしたちを、祝福してください。ほんの僅かな間
でも心配を手放し、まだ来ぬ未来のことに悪あがきすること
をやめて、今日あなたの愛の腕の中で休ませてください。アー
メン。

今日こそ主の御業の日。
今日を喜び祝い、喜び躍ろう。

（詩編 118 編 24 節）

5月18日

裁くことなく

訴えごとを最初に出す人は正しく見えるが
相手方が登場すれば問いただされるであろう。
(箴言 18 章 17 節)

　父よ、他人について、早急に評価を下してしまうことがあります。どうぞ赦してください。その人のことをほとんど知らないのによく知っていると思ったり、もっと悪いことに、不確かな話を別の人に伝えたりします。いろいろな人の口を介してきた話など、真実のところは分からないものです。
　他人に決めつけられるのは嫌なものです。あなただけに評価されたいと思います。他の人も同じでしょう。どのような人でも、あなたの愛の延長線上に見ることができるよう、わたしを助けてください。
　人を裁いてしまうわたしを、どうぞ赦してください。裁くのではなく、その人の真実の姿を理解することができますように、アーメン。

わたしは仰せを心に納めています
あなたに対して過ちを犯すことのないように。
(詩編 119 編 11 節)

5月19日

何歳になっても

日数がものを言い
年数が知恵を授けると思っていた。
（ヨブ記 32 章 7 節）

　主よ、どうぞわたしに知恵を与えてください。年齢を重ねるごとに知恵が増すことを願ってきました。もちろん人生経験を積むと、前とは違う選択をし、失敗してもまたやり直すことができるようになります。間違いから学ぶこともできます。

　何歳になっても、あなたの真実と知恵の光を放つことができますように。必要ならばあなたのために声を上げ、立ち上がることができるよう支えてください。

　あなたのことをさらに深く知りたいと望むあなたの民のために祈ります。生き方や働き方において、なお一層賢くなれますように。今日も、いつまでも、あなたの祝福を願います。アーメン。

　　知識の本分は話すことにあり、知恵の特権は聞くことにある。
　　　　—— オリバー・ウェンデル・ホームズ・ジュニア

5月20日

新しく変えられて

だから、キリストと結ばれる人はだれでも、新しく創造された者なのです。古いものは過ぎ去り、新しいものが生じた。

(コリントの信徒への手紙二 5 章 17 節)

　主よ、またやり直しです。自分でいろいろな道を試してみましたが、やはりうまくいかなくて、あなたのところに戻ってきてしまいました。

　人生の歩みにあなたの導きを求め、一歩一歩にあなたの知恵を求めることができますように。出会う人すべてのうちに御手が働く様子を、見させてください。そうすればわたしは一層忍耐強く、人から学ぶことができる者になれるでしょう。

　あなたが望まれる姿へと新しく変えられることを願います。御声を聞き、あなたのご命令に従って行動することができるよう、助けてください。アーメン。

神よ、わたしを憐れんでください
御慈しみをもって。
深い御憐れみをもって
背きの罪をぬぐってください。

(詩編 51 編 3 節)

5月21日

あなたのために

何をするにも、人に対してではなく、主に対してするように、心から行いなさい。
（コロサイの信徒への手紙 3 章 23 節）

　主よ、目の前に大量の仕事があります。けれども、忙しさにかまけて祈らずに進むことがないように、わたしを助けてください。あなたの祝福を受けて仕事を始め、感謝の心で終えることができますように。

　仕事自体も祝福し、周りの人の益となるようにしてください。わたしが誕生する前からあなたが定めておられたご計画に従って、わたしの手の業を豊かに用いてください。

　あなたの霊の光がわたしの仕事を通して光り輝きますように。家でも職場でも、いつもあなたのために働かせてください。どのようなことも喜んですることができますように。わたしをよりよい人間にしてください。アーメン。

神は忙しく働く方だが、わたしたちが手伝うとお喜びになる。
—— ことわざ

5月22日

成長させる神

ですから、大切なのは、植える者でも水を注ぐ者でもなく、
成長させてくださる神です。
（コリントの信徒への手紙一 3 章 7 節）

　主よ、わたしが成長するために必要なものを与えてくださり、ありがとうございます。まず、わたしの根の栄養となる家庭に感謝します。家庭があるのでわたしは安定し、愛する家族に大切にしてもらえます。
　わたしを霊的に成長させてくれる教会にも感謝します。教職者や兄弟姉妹の導きで、わたしの信仰は強くなります。わたしを励まし、注意し、わたしのために祈ってくれる人たちを送ってくださり、ありがとうございます。
　家庭や教会という場にわたしを置いてくださり、成長させてくださることに感謝します。あなたの愛と恵みに向けてしっかりと根を張ることができるよう、助けてください。アーメン。

神に従う人はなつめやしのように茂り
レバノンの杉のようにそびえます。
主の家に植えられ
わたしたちの神の庭に茂ります。

（詩編 92 編 13-14 節）

5月23日

よい選択

わたしは今日、天と地をあなたたちに対する証人として
呼び出し、生と死、祝福と呪いをあなたの前に置く。
(申命記 30 章 19 節)

　主よ、わたしは自分の益にならない選択を多くしてきました。あなたをがっかりさせたことも数知れずあります。これまでのよくない選択を、どうぞ赦してください。あなたから来るよいものを求めさせ、わたしを作り変えてください。
　的外れなことをしても、心ではいつでもあなたを選びます。わたしの主、わたしの救い主、霊の導き手、守り手として、あなたを選びます。わたしがすることすべてに、あなたの助けを求めます。アーメン。

　　　　主はあなたを見守る方
　　あなたを覆う陰、あなたの右にいます方。
　　　昼、太陽はあなたを撃つことがなく
　　　夜、月もあなたを撃つことがない。
(詩編 121 編 5-6 節)

5月24日

今日を生きる

明日のことを誇るな。
一日のうちに何が生まれるか知らないのだから。
(箴言 27 章 1 節)

　父よ、今日を生きるよりも、明日の心配で時間を使ってしまいます。しかし、わたしが心配するしないにかかわらず、あなたはすべてを支配しておられます。あなただけが未来をその御手に握っておられます。
　主よ、先のことで気が休まらないままに時間が過ぎていくことがないように、わたしを助けてください。その代わり、今日という日を熱い思いで喜んで過ごし、そこから益となるものを導き出せるよう、助けてください。
　未来のために種をまき続けながらも、今、手にある果実を食べて満ち足りることができますように、アーメン。

今日こそ主の御業の日。
今日を喜び祝い、喜び躍ろう。

(詩編 118 編 24 節)

5月25日

幸福な心

貧しい人の一生は災いが多いが
心が朗らかなら、常に宴会にひとしい。
（箴言 15 章 15 節）

　愛する主よ、わたしは今日、幸せです。あなたが備えてく
ださったよいものを見るたびに、わたしの心は満たされます。
わたしには、あなたの愛によってなんと多くが与えられてい
ることでしょう。物質的なものだけではありません。いつで
もあなたと交わることのできる自由は、掛けがえのないもの
です。

　この世は肩書を求めます。けれども、あなたの子、あなた
の友という肩書以上に、わたしに希望と可能性を与えてくれ
る肩書はありません。

　主よ、あなたはわたしの宝です。いつも近くにいてくださ
い。あなたの御思いと心を一つにする世界中の人を祝福して
ください。イエスの御名を通してお祈りします。アーメン。

聖なる御名を誇りとせよ。
主を求める人よ、
心に喜びを抱き…御顔を求めよ。
（詩編 105 編 3-4 節）

5月26日

死よ、驕るなかれ

神に逆らう者は災いのときに退けられる。
神に従う人は死のときにも避けどころを得る。
（箴言 14 章 32 節）

　父よ、誰もがそうであるように、わたしも死を恐れます。それでも、17 世紀の英国詩人ジョン・ダンのソネットの言葉「死よ、驕るなかれ」のとおり、死は生命の終わりではありません。始まりです。この地上で学ぶべきことを学んだ後、新しい世界で、すばらしい人生が始まるのです。
　最近亡くなった近しい人たちのために祈ります。どうぞ愛と慈しみの腕を大きく広げて、皆を受け入れてください。愛する人を失った人たちのためにも祈ります。その人たちが、死が終わりではないことに希望を見いだすことができますように。
　わたしたちをそんなにも愛してくださり、ありがとうございます。生と死に関わることにあなたが慰めを与えてくださることを、感謝します。アーメン。

死の陰の谷を行くときも
わたしは災いを恐れない。
あなたがわたしと共にいてくださる。

（詩編 23 編 4 節）

5月27日

命のある限り

わたしの父の御心は、子を見て信じる者が皆永遠の命を得ることであり、わたしがその人を終わりの日に復活させることだからである。
　　　　　　（ヨハネによる福音書 6 章 40 節）

　父よ、命が続いていることを、心から感謝します。わたしたちがこの地上に存在する短い時間では、ほんの僅かしか、命というものを味わうことはできません。主よ、この時代に生かされているうちに、皆があなたのことを知ることができますように。そうすれば、復活したときに、あなたと共に喜ぶことができるでしょう。
　もっとあなたを求めることができますように。今の、そしてこれからの人生を祝福してください。あなたの招きに喜んで応じることができますように。あなたの近くを歩むことを第一とさせてください。アーメン。

　　　　　　命のある限り
　　　　恵みと慈しみはいつもわたしを追う。
　　　　　主の家にわたしは帰り
　　　　生涯、そこにとどまるであろう。
　　　　　　　　　　　　（詩編 23 編 6 節）

5月28日

あなたの御言葉

心に植え付けられた御言葉を受け入れなさい。この御言葉は、あなたがたの魂を救うことができます。
（ヤコブの手紙 1 章 21 節）

　主よ、あなたは、いろいろな方法でわたしに御旨を示してくださいます。特に、わたしたちがあなたに従うことができるよう、御言葉を与えてくださいました。御言葉は、わたしが賢く健やかに生きるための尊い助言です。
　もっとあなたに従い、人生の問題に向き合うことができますように。進むべき方向に迷ったり恐れたりするときに、あなたの方を向くことができますように。本物の愛の父であるあなたは、いつでも、すべてがわたしの益となるように働いてくださっています。感謝します。アーメン。

　　　　いかに幸いなことか
　　　主を畏れ、主の道に歩む人よ。

（詩編 128 編 1 節）

5月29日

忍耐強くあれ

すべての人に対して忍耐強く接しなさい。
（テサロニケの信徒への手紙一 5 章 14 節）

　主よ、わたしは忍耐の足りない者です。あなたの誠実で変わらない忍耐を、わたしに教えてください。

　あなたは、どんな人に対しても忍耐強くあるようにと、わたしたちを召しておられます。人の行動の背景や事情は、わたしたちには分からないからです。並んでいた列に割り込まれた、というような小さなことに過剰反応しないよう、助けてください。

　主よ、わたしの心を乱して忍耐を失わせるようなことに、正しい態度で向かうことができるよう成長させてください。もっとあなたのようになることができますように、アーメン。

わたしは主に望みをおき
わたしの魂は望みをおき
御言葉を待ち望みます。

（詩編 130 編 5 節）

5月30日

賛美と感謝を

主にほめ歌をうたえ。
主は威厳を示された。
全世界にその御業を示せ。
（イザヤ書 12 章 5 節）

　主よ、わたしは、賛美が不得手です。いつも必要を満たしてくださっているあなたに、十分な感謝をささげていません。どうぞわたしを赦し、心からの感謝と賛美を受け取ってください。あなた以外に神はいません。宇宙の創造主はあなただけです。あなたは本当の世の光です。あなたがおられなければ、この地のすべては、完全に闇に葬られてしまいます。

　父よ、あなたの守り、優しさ、慈しみ、赦しに感謝します。わたしたちが数限りなく罪を犯していることをご存じなのに、それでも愛し続けてくださるあなたに、感謝します。あなたの愛に値する者になれますよう、お導きください。アーメン。

　　どのようなときも、わたしは主をたたえ
　　わたしの口は絶えることなく賛美を歌う。

（詩編 34 編 2 節）

5月31日

神は、今日わたしが起きると
その力でわたしを支え
その知恵でわたしを教え
その目でわたしを見守り
その耳でわたしの声を聞き
その言葉をわたしに話させ
その手でわたしを守る。

神はその道をわたしの前に開き
その盾でわたしを囲み
その軍勢でわたしを守る
あらゆる悪魔のわな
世の誘惑から
遠くや近くの
わたしを傷つけようと企てる者から。
アーメン

聖パトリックの祈り

6月

不可能はない

主に不可能なことがあろうか。
（創世記 18 章 14 節）

　愛する主よ、今日わたしの心は、今置かれている場所を不満に思い、過去の選択を後悔している人たちと共にあります。道に迷い、将来を用意しておられるあなたのことが見えない人たちのためにも祈ります。
　わたしもそうでした。人生の「たら・れば」ばかりを思い、過去に決めたことを悔やみ、多くの時間をむだにしました。主よ、あなたと共にあれば、どんなことでも可能です。あなたは、わたしたちが新しい扉から歩きだすのを助けてくださる方です。どうぞ今日、行き詰まりを覚えているわたしたちを助けてください。アーメン。

　一つの扉が閉じられると、次の扉が開く。しかしわたしたちは、閉じた扉のほうを無念な思いで見つめ続け、開かれた扉を見ようとしない。

　　　　　　　　　　—— アレクサンダー・グラハム・ベル

6月1日

生き延びる

骨は皮膚と肉とにすがりつき
皮膚と歯ばかりになって
わたしは生き延びている。
（ヨブ記 19 章 20 節）

　主よ、惨めな状況に陥ることなく生き延びていることを、
ありがとうございます。わたしが愚かな選択をしないよう、
守ってください。
　主よ、わたしの心や体が傷つく危険な場所を避けることが
できますように。自分では気付いていなくても、あなたが守っ
てくださっていることに感謝します。
　車を運転する、危険な地域に行く、無益なことを考えるな
ど、身と心が危険にさらされる状況に、わたしたちは日々直
面します。今日わたしたちを、危険からお守りください。イ
エスの御名を通してお願いいたします。アーメン。

　一つの過ちから逃れることができれば、成功へとすんなり滑
　り込むことができる。

　　　　　　　　　　　　　　　── チャールズ・スポルジョン

6月2日

わたしにはできる

それは実現する。わたしがそれを行う。
（エゼキエル書 24 章 14 節）

　主よ、今日わたしと共にいて、あなたが導いてくださる方向へと再び歩みだすことができるようにしてください。わたしの決心を揺るがないものにし、目標から目をそらすことがないようにさせてください。たゆみなく歩み、実り多い一日にできますように。あなたの助けがあれば可能です。
　わたしの心が元気なときには、希望にあふれ、わくわくします。ところが、少し計画が頓挫しただけで、わたしがしていることは正しいのだろうかと、疑い始めてしまいます。
　自分を疑ってしまうとき、どうぞ近くにいてくださり、正しい判断ができるように助けてください。あなたを求めるすべての人を祝福してください。わたしたち一人一人に与えられた使命を果たすことができると、確信させてください。アーメン。

　　　　どうか主よ、わたしたちに救いを。
　　　　どうか主よ、わたしたちに栄えを。

（詩編 118 編 25 節）

6月3日

家族

> 兄弟愛については、あなたがたに書く必要はありません。
> あなたがた自身、互いに愛し合うように、神から教えら
> れているからです。
>
> （テサロニケの信徒への手紙一 4 章 9 節）

　主よ、わたしたちが愛を知り、人と共に生きる方法を理解できるようにと、あなたは家族を与えてくださいました。家族との生活で、わたしたちの性格に幅と深さが増します。家族は、よい選択ができるようわたしを助け、互いを愛する意味を教えてくれます。

　今日、世界中の家族のために祈ります。あなたが愛するように、親が自分の子どもを愛することができるように助けてください。子どもの心を導く知恵と忍耐を与えてください。崩壊しつつある家族には、力を与えてください。

　わたしの家族に感謝します。家族はわたしに愛を注ぎ、今日まで教育を授け、成長する機会を与えてくれました。あなたの愛と恵みと憐れみによって、すべての家族を祝福してください。アーメン。

> 神は孤独な人に身を寄せる家を与え
> 捕われ人を導き出して清い所に住ませてくださる。
>
> （詩編 68 編 7 節）

6 月 4 日

さまよう心

起き出して町をめぐり
通りや広場をめぐって
恋い慕う人を求めよう。
求めても、あの人は見つかりません。
(雅歌3章2節)

　主よ、わたしはこの広い地球をさまよっているようでした。言葉で説明できないものを、わたしは探し続けてきました。それは、わたしの心の神、あなたでした。今、わたしは道に迷っていません。あなたによって見いだされ、贖われたからです。

　あなたを信じた今も、あなたを身近に見いだすときがあります。それは例えば、知らない人や道で行き交った人の笑顔にあなたを見るときです。

　あなたは本当に存在しておられますから、探し求めてもむだになることはありません。今、何かを求めてさまよっている人たちのために祈ります。あなたの腕に抱きしめられる満たされた思いを、皆に与えてください。アーメン。

　　　さまよい求めても、道に迷わない者もいる。
　　　　　　　　　　　　——J・R・R・トールキン

6月5日

御声を求めて

　ところがお前たちは、わたしが繰り返し語り続けてきたのに聞き従おうとしなかった。
　　　　　　（エレミヤ書35章14節）

　主よ、祈っても、あなたの答えを待たずに進んでしまうのがわたしの常です。あなたの語りかけに耳を傾けることができるよう、わたしを導いてください。
　今わたしは、あなたに飢え渇いています。情報と騒音にあふれたインターネットよりもはるかに力強い、あなたとの静かなつながりを求めます。不協和音を遮断し、御声だけを求めることができますように。世ではなく、あなたをなお一層求める者を、祝福してください。アーメン。

　　　　　わたしの王、わたしの神よ
　　　　助けを求めて叫ぶ声を聞いてください。
　　　　　あなたに向かって祈ります。
　　　　　　　　　　　　　　（詩編 5 編 3 節）

6月6日

奇跡を通して

ある夜、イエスのもとに来て言った。「ラビ、わたしどもは、あなたが神のもとから来られた教師であることを知っています。神が共におられるのでなければ、あなたのなさるようなしるしを、だれも行うことはできないからです。」
（ヨハネによる福音書3章2節）

主よ、もはや奇跡など起きないと信じている人もいますが、わたしには、見るものすべてが奇跡だと感じられます。
ご自身を現すためにあなたがなさることのすべてに、感謝します。あなたを信じます。ご自身がどれほどすばらしい方かを示すため、あなたが起こしてくださる奇跡に感謝します。アーメン。

神は、戦略的に時を選んで、奇跡を通してご自身を繰り返し現される。奇跡は、「神のしもべたちから聞いた言葉が真実だ」ということを表す確かな証拠である。

—— ビリー・グラハム

6月7日

心を与える

各自、不承不承ではなく、強制されてでもなく、こうしようと心に決めたとおりにしなさい。喜んで与える人を神は愛してくださるからです。
（コリントの信徒への手紙二 9 章 7 節）

　主よ、教会の活動や献金や慈善活動に、疲れてしまうことがあります。自分の生活費や家族の必要を優先させてしまい、なかなか喜んで与える人になれません。
　近くにいる人たちと会話し、励ますことができますように。隣人に共感し、親切にすることができますように。主よ、時間と心を喜んで与える者としてください。与えることも得ることも、単なるお金のやりとりではなく心の問題であることに、気付かせてください。アーメン。

　与えるときにはそのことを忘れ、得るときにはそのことを忘れない人は、幸いである。
　　　　　　　　　　　　　　── エリザベス・ビベスコ

6月8日

悔いて祈る心

だから、神に服従し、悪魔に反抗しなさい。そうすれば、悪魔はあなたがたから逃げて行きます。神に近づきなさい。そうすれば、神は近づいてくださいます。

(ヤコブの手紙4章7-8節)

　主よ、わたしには、あなたに仕えず、自分のためにもならないことをしてしまうことがあります。自分にうそをつくことも、自ら悪い者にだまされてしまうこともあります。このようなわたしは、あなたの前にへりくだるほかありません。悪魔は、わたしが御もとに近づくのを妨げようとします。悪魔にあらがうことができるよう助けてください。

　主よ、またもわたしは道を見失い、深く恥じ入るはめに陥りました。いまひとたび、赦してください。いつもわたしをそれほど愛してくださり、ありがとうございます。あなたはわたしのために最善を願い、そのために、わたしが悔いて祈るようにしてくださっています。ありがとうございます。アーメン。

　　　　　　主は打ち砕かれた心に近くいまし
　　　　　　　悔いる霊を救ってくださる。

(詩編34編19節)

6月9日

豊かな命

　盗人が来るのは、盗んだり、屠ったり、滅ぼしたりするためにほかならない。わたしが来たのは、羊が命を受けるため、しかも豊かに受けるためである。
　　　　　　　　（ヨハネによる福音書 10 章 10 節）

　主よ、豊かな命とは何かを、時にわたしは誤解してしまいます。経済的な問題がないことや、望みがかない、健康であり、子どもたちが幸福な大人に育つといったことだと、考えてしまうのです。これは、豊かさが物質的で、数量を測れるようなものだという考え方です。
　けれども、あなたは、すべてのよきものの源、養い主、与え主、逃れ場です。そのことを知らなければ、豊かな命を得ることはできません。父よ、わたしには豊かな命があります。あなたがおられるから、これからもずっと、わたしは不足することがありません。アーメン。

　　　　　地とそこに満ちるもの
　　　　世界とそこに住むものは、主のもの。
　　　　　　　　　　　　　　（詩編 24 編 1 節）

6月10日

正義を求めて

悪い者を正しいとすることも
正しい人を悪いとすることも
ともに、主のいとわれることである。
（箴言 17 章 15 節）

　愛する主よ、わたしたちはよく、人生とは不公平で不公正なものだと思い知らされます。「悪い者を正しいとすることも、正しい人を悪いとすることも」あなたのいとわれることだという御言葉に、慰められます。そのような不条理こそ、罪なき御子が経験なさったことでした。

　あなたの正義を必要としているすべての人たちのために祈ります。誰もが正義という目標に達することができますように。今日もあなたがすべてを治めてください。わたしたち一人一人がもっと公正な世界を創造することができるよう、どうぞ助けてください。アーメン。

正義と権力は一つにされなければならない。そうすれば正義が力を持ち、権力あるものはすべて正しくなるだろう。

—— ブレーズ・パスカル

6月11日

共感を！

人にしてもらいたいと思うことは何でも、あなたがたも
人にしなさい。これこそ律法と預言者である。
　　　　　（マタイによる福音書7章12節）

　父よ、親切と共感を必要としている人たちを祝福してください。闇の中で苦しんでいる人に光を投げかけることができますように。知らない人や友人の中に、あなたの心を見ることができますように。
　気難しい人、わたしとは気性の違う人、わたしが歩調を合わせなければ共に歩くことができない相手に対して、忍耐強くいられるよう、助けてください。
　どのような人のためにも、できることを全力で行い、あなたを表すことができますように。主よ、わたしたちを祝福し、もっと人に共感できるようにしてください。アーメン。

　　　　主は恵みに富み、憐れみ深く
　　　忍耐強く、慈しみに満ちておられます。
　　　　　　　　　　　　　　　　（詩編145編8節）

6月12日

批判について

人を裁くな。あなたがたも裁かれないようにするためである。

(マタイによる福音書7章1節)

　主よ、人のことを、まるでその思いや言い分をよく分かっているかのように、早急に裁いてしまったことを赦してください。わたし自身、同じような目に遭い、嫌な思いをしてきました。わたしのことを何も知らないのに、誰かがわたしを批判してきたときです。
　わたしたちは誰もが、人が投げる石や弓矢に苦しめられます。急所を突かれて痛い思いをすることもあります。そのようなとき、できるかぎり早く相手を赦し、あなたに再び近づくことができるよう助けてください。アーメン。

　批判というものは、優しい雨のように、人の根を破壊せず、しかし成長できるように栄養を与えるものでなければならない。

—— フランク・A・クラーク

6月13日

風のように自由に

あなたたちは真理を知り、真理はあなたたちを自由にする。

（ヨハネによる福音書 8 章 32 節）

　主よ、わたしたちは真理を知って自由にされました。ありがとうございます。あなたを賛美する自由があり、あなたの霊のうちに生きることができますから、感謝します。
　まだ闇にとらわれ、不確かな状態でさまよい、この星をあてどなく歩き回っている人たちを、どうぞ癒やしてください。皆があなたをはっきりと見ることができますように。あなたを愛し、あなたに仕えるため、心を解き放つことができますように。わたしたちを真に自由にしてくださったあなたの愛する御子のゆえに、父よ、お願いいたします。アーメン。

罪の束縛につながれた心
光が射し込み　心は目覚めて
自由な心で主に従いゆく
自由な心で主に従いゆく
―― チャールズ・ウェスレー（ひむなる委員会・訳）

6月14日

祈りの力

神よ、わたしがこの民に尽くしたすべてのことを快く心に留めてください。

（ネヘミヤ記 5 章 19 節）

　主よ、祈りの力を信じる者たちに感謝します。大昔の、そして今日の祈りの戦士たちを、ありがとうございます。ネヘミヤは、自分がしたことを心に留めてくださいと祈りました。わたしも同じように、あなたのために働くとき、あなたの祝福を祈り求めます。

　祈りの力を信じます。祈りというすばらしいコミュニケーションの方法を通して、あなたはわたしたちに近づいて、さらに多くの祝福を注いでくださいます。わたしたちをそんなにも愛してくださり、ありがとうございます。アーメン。

祈りというものがどれだけ力を持っており、影響力を与えることができるものであるか、実際に経験するまでは誰も信じない。

—— マルティン・ルター

6月15日

どっちつかず

エリヤはすべての民に近づいて言った。「あなたたちは、いつまでどっちつかずに迷っているのか。もし主が神であるなら、主に従え。もしバアルが神であるなら、バアルに従え。」民はひと言も答えなかった。

(列王記上 18 章 21 節)

　主よ、エリヤがわたしに「あなたの神は誰か」と問うてきたら、「主です」と大声で断言し、大胆に信仰を表すことができると、思いたいものです。けれども、信仰を証しする機会があったのに黙っていたことが、これまでに何度もありました。
　自分の信仰を隠し、あなたにある喜びを人に分かち合わなかったことを、どうぞ赦してください。あなたへの信仰を力強く宣言するすべての人たちのために祈ります。アーメン。

いかに幸いなことか
主を畏れ、主の道に歩む人よ。

(詩編 128 編 1 節)

6月16日

内側を見つめる

たとえわたしたちの「外なる人」は衰えていくとしても、
わたしたちの「内なる人」は日々新たにされていきます。
(コリントの信徒への手紙二 4章16節)

　主よ、あなたとつながる場所を自分の内側に探し求めることができますように。もっとあなたを求めさせてください。その結果、わたしの外側の行いが、あなたに喜ばれるものになりますように。

　わたしたちにとって、あなたと過ごす時間は本当に大切です。あなたとの間に世が入ってくるのを許してしまうと、あなたの愛と救いが見えなくなります。あなたのところに帰り、あなたのすぐそばで祈ると、すべてが変わります。

　父よ、あなたに近づくことを求めるすべてのキリスト者のために祈ります。それぞれが、自身の内側を見つめる時間を一層多く取ることができますように、アーメン。

> キリスト者の真の生活と霊性は、まず内側から失われる。その結果は、外側の罪深い行いである。
>
> —— フランシス・シェーファー

6月17日

再び来られる日

しかし、わたしたちの本国は天にあります。そこから主イエス・キリストが救い主として来られるのを、わたしたちは待っています。

（フィリピの信徒への手紙 3 章 20 節）

　恵み深き愛の神よ、主が再び来られる日のことを思うとき、大きな畏れに打たれます。その日には、苦しみも悲しみも、心の痛みもありません。御国のすばらしさと喜びを思い描くと、疲れた魂に希望が与えられます。

　主よ、まずあなたをよく知る人たちのために祈ります。その人たちがあなたにもっと近づきたいと思う気持ちを、強めてくださいますように。

　あなたをまだ知らない人たち、暗闇の中を歩いている人たちのために熱心に祈ります。この人たちがいつの日か、あなたのところに立ち帰ることができますように、アーメン。

　宗教の目的は、人を天国に入らせることではない。人の心に天を入れるということだ。

—— トーマス・ハーディ

6月18日

わたしは粘土

しかし、主よ、あなたは我らの父。
わたしたちは粘土、あなたは陶工
わたしたちは皆、あなたの御手の業。
（イザヤ書 64 章 7 節）

　主よ、あなたが陶工で、わたしは粘土だということを、忘れないでいられるよう、助けてください。あなたがわたしを新しく作り直そうと思われるときには、いつでも古い自分を手放すことができますように。昨日にこだわるのではなく、今日を喜んで生き、今置かれている場所で役に立つ道具になれますように。
　御手によって造られたすべての者のために祈ります。あなたの御旨とご計画に従って、一人一人を祝福してください。アーメン。

わたしはあなたに感謝をささげる。
わたしは恐ろしい力によって
驚くべきものに造り上げられている。
（詩編 139 編 14 節）

6月19日

置かれた境遇

わたしは、自分の置かれた境遇に満足することを習い覚
えたのです。
（フィリピの信徒への手紙 4 章 11 節）

主よ、小さなことにへ理屈をこねては、あなたに向かって
拳を振り上げたことが、何回あったことでしょう。自分の小
さな心配をあなたの力強い御手に委ねるのではなく、ただそ
れにとらわれてしまうこともよくあります。

自分の置かれている境遇に満足できるよう、どうぞ助けて
ください。そうすればわたしの心はあなたのうちに安らぐで
しょう。わたしたちの不安な心を静め、あなたの近くに行か
せてください。どのような境遇にあっても、本当の平安とい
う賜物を与えてください。

富んでいるときも、やっと生活しているときも、明日が不
安なときも、心配がないときも、どんなときでもあなたのう
ちに平安を見いだすことができますように、アーメン。

いかに幸いなことか、主に信頼をおく人…は。
（詩編 40 編 5 節）

6月20日

勇気を下さい

主に依り頼み、その偉大な力によって強くなりなさい。
（エフェソの信徒への手紙 6 章 10 節）

　主よ、日々の生活にもっと勇気を与えてください。恐ろしいことばかりのこの世で、勇気を持つことは難しいことです。信じることのために立ち上がる勇気を、自分自身でいる勇気を、無条件に人を愛する勇気を与えてください。
　主よ、あなたがこの世を治めておられることに感謝します。あなたの祝福と賜物、変わらない愛を、ありがとうございます。御顔を求める一人一人に、勇気の賜物を与えてください。アーメン。

　いちばんの賜物は勇気だ。勇気がなければ何もできないからだ。自由も、安全も、生命も、家庭も、親も、国も、子どもも、勇気がなければ保たれない。勇気にはすべてが含まれる。勇気のある人は、あらゆる祝福を受ける。

—— プラウトゥス

6月21日

夢に向かう道

どう足を進めるかをよく計るなら
あなたの道は常に確かなものとなろう。
（箴言 4 章 26 節）

　主よ、あなたはわたしの心に夢を下さいました。それは、あなたがわたしに持っておられる夢です。
　人生をあなたの夢に合わせていくことができるよう、わたしの道の光になってください。あなたが望まれる道へとわたしを導いてください。あなたに仕え、使命を果たし、人生の目的地にたどりつかせてください。
　自分が向かっている先が分からないこともあります。けれども主よ、どうぞ共に歩いてください。離れずにいてくださるあなたを信頼して前に進むことができますように、アーメン。

　行き先を知らないならば、どんな道を通っても、どこにもたどりつけないだろう。

——ヘンリー・キッシンジャー

6月22日

ベストを尽くして

> 競技場で走る者は皆走るけれども、賞を受けるのは一人だけです。あなたがたも賞を得るように走りなさい。
> （コリントの信徒への手紙一 9 章 24 節）

　主よ、目標を持ち、新しい可能性を求めて努力すれば、人生はよりよくなります。わたしに挑戦する心を与えてくださり、ありがとうございます。

　競技で毎回賞を受けなくても、あなたの目にわたしは特別です。たとえスターになれなくても、あなたに愛されています。それでも現状に満足せず、ベストを尽くすことができますように。

　ゴールに達するために何でもする意志を与えてください。そのために必要な能力や才能はあなたが授けてくださっていることを、思い出させてください。高い目標に届くまで手を伸ばすことができるよう、助けてください。アーメン。

　スターになることはあなたの運命ではないかもしれない。しかし、ベストの自分になるという目標を設定することは可能だ。

—— ブライアン・リンゼイ

6月23日

友人を感謝

鉄は鉄をもって研磨する。
人はその友によって研磨される。
（箴言 27 章 17 節）

　主よ、友を与えてくださっていることに、限りない感謝と賛美をささげます。人生の大切なことを分かち合うようにと、あなたは友を与えてくださいました。
　長く続いている友人とは、うれしいこともつらいことも分かち合ってきました。友人は、わたしが独りで歩けないときにも、隣を歩いてくれました。あなたは新しい友人も与えてくださいました。楽しく豊かな人間関係の中で、わたしは自分らしくいられます。
　新旧の友人に感謝します。どうぞ今日、友人たちを祝福し、あなたの恵みと憐れみを豊かに与えてください。アーメン。

自分の中の火が消えてしまっても、人が散らした火花でもう一度燃え立つことがある。自分の心に火をつけてくれた人たちに、深い感謝を覚えない人はいない。

―― アルベルト・シュヴァイツァー

6月24日

小さなこと

ごく小さな事に忠実な者は、大きな事にも忠実である。
ごく小さな事に不忠実な者は、大きな事にも不忠実である。

(ルカによる福音書 16 章 10 節)

　主よ、これまでを振り返ると、人生の方向性が変わったり、自分の態度やふるまいを見直したりしたのは、どれも驚くほどささいなことがきっかけでした。知らない人に親切にされたとか、きょうだいと深い話ができたとか、そのような小さなことで、その日は特別な一日になりました。多くの場合、それは、そのままのわたしが受け入れられ、理解や共感を示してもらったときでした。
　主よ、人に手を差し伸べたり、励ましの言葉をかけたりといった小さなことを通して、人の人生を変えることのできる人たちを、どうぞ祝福してください。アーメン。

神の真実で変わらない愛と一時的な霊的熱情とを見分ける違いは、ただ一つだ。愛は小さなことに忠実であるということである。

—— フランソワ・フェネロン

6月25日

知恵をください

知恵ある人の唇は知識をふりまく。
(箴言 15 章 7 節)

　主よ、知恵と物事を見通す力を与えてください。新しいチャンス、これから出会う人たち、次にすべき仕事を、はっきりと見せてください。あなたのご計画を知り、聖霊の力を受け、何事も正確に行うことを、求めることができますように。
　祈り続け、真実を見分けたうえで、物事を決めることができますように。わたしにとっての最善をあなたは知っておられます。何をすべきか、誰とどう関わるべきかを判断できるよう知恵を与えてください。わたしが立ち止まり、祈り、考えつつ行動することができますように、アーメン。

信仰によって、霊の人は神と神のものを見分けることができる。

—— ジョン・ウェスレー

6月26日

日々あなたと

神は愛です。愛にとどまる人は、神の内にとどまり、神もその人の内にとどまってくださいます。
（ヨハネの手紙一 4章16節）

　主よ、またあなたのところに戻って来ました。自分がする仕事、心で思うこと、わたしの信仰に影響すること、すべてにあなたの導きを求めます。いつでもあなたが必要です。
　わたしが勝手な方向に行ってしまわないように、どうぞ手を握って離さないでください。そうでなければ、結果は火を見るより明らかです。苦境に陥り、独り迷うことになるでしょう。主よ、日々、あなたの名を呼ぶわたしたちと共にいてください。アーメン。

何度、神の御顔を仰ぎ、御声を聞き、触れていただき、御力を感じる必要があるのだろうか。毎日だ！
　　　　　　　　　　　　　　—— ジョン・ブランチャード

6月27日

人に配慮する

だれでも、自分の利益ではなく他人の利益を追い求めなさい。

（コリントの信徒への手紙一 10 章 24 節）

主よ、わたしたちは、「互いを必要とし、互いの祝福となるように」とあなたに造られています。あなたがしてくださっているように互いに配慮し合うことも、あなたはわたしたちに教えてくださいました。

今日、わたしの配慮を必要としている人に気付くことができますように。すれ違う人が今より幸せになれるよう、できることをさせてください。

わたしの言動を通して、気遣いが人に伝わりますように。助けを必要としている人の顔に、あなたを見ることができますように。またその人たちに、わたしに映るあなたの光が見えますように、アーメン。

主よ、それでも
あなたはわたしの盾、わたしの栄え
わたしの頭を高くあげてくださる方。

（詩編 3 編 4 節）

6月28日

世界中の隣人たち

我々は皆、唯一の父を持っているではないか。
我々を創造されたのは唯一の神ではないか。
（マラキ書 2 章 10 節）

　主よ、「神は、その独り子をお与えになったほどに、世を愛された」と聖書にあります。あなたは世界を愛しておられるのに、わたしはそのことを忘れてしまいます。

　父よ、今は、インターネットが人種や文化の壁を超えて人を結び付け、以前なら知り合えなかった人のことも知ることができる時代です。それなのにわたしは、世界中の隣人たちのために祈っていません。そのようなわたしたちをどうぞ赦してください。

　地球上の兄弟姉妹と関係を築こうとするわたしたちを祝福してください。愛し合うことを学ぶことができるよう、わたしたちを助けてください。アーメン。

　　　すべての王よ、今や目覚めよ。
　　　地を治める者よ、諭しを受けよ。
　　　畏れ敬って、主に仕え
　　　おののきつつ、喜び躍れ。
　　　　　　　　　（詩編 2 編 10-11 節）

6月29日

喜びなさい

主において常に喜びなさい。重ねて言います。喜びなさい。
（フィリピの信徒への手紙 4 章 4 節）

　主よ、あなたは本当に美しい世界を与えてくださいました。
宇宙の豊かさ、植物や動物の多様性、造られたすべてのもの
の美しさ、こうしたものを見るとき、わたしは畏れに打たれ
ます。
　星の瞬く天の広さに、月の輝きに、虹の約束に、いつもわ
くわくすることができますように。あなたに与えられている
命を喜ぶ理由は、尽きることがありません。
　身近な友人や家族、そしてペットをありがとうございます。
感謝すべきことを挙げていくと、喜びの祈りは終わりません。
父よ、あなたをほめたたえます。あなたがしてくださったす
べてのゆえに、あなたを賛美します。アーメン。

　一本の草、一つの色、どれを取っても、わたしたちを喜ばせ
ようという意図の下に造られていないものはない。

—— ジャン・カルヴァン

6月30日

主よ、
わたしをあなたの平和の道具にしてください。
憎しみのあるところに愛を
いさかいのあるところに赦しを
疑いのあるところに信仰を
絶望のあるところに希望を
暗闇のあるところに光を
悲しみのあるところに喜びを
もたらすことができますように。

神よ、わたしに
慰められるよりも慰めることを
理解されるよりも理解することを
愛されるよりも愛することを
求めさせてください。

わたしたちは与えることで受け
赦すことで赦され
死ぬことで永遠の命を受けるのですから。

アッシジの聖フランシスコ

7月

あなたを知る

イエスはお答えになった。「あなたたちは、わたしもわたしの父も知らない。もし、わたしを知っていたら、わたしの父をも知るはずだ。」
　　　　　（ヨハネによる福音書8章19節）

　主よ、あなたという方のご性質や本質、また超自然的なあり方を理解することなど、到底できません。わたしの小さな想像力の及ぶ範囲にあなたを閉じ込めようとすれば、的外れなことになってしまうでしょう。
　もっとあなたを知ることができるよう、助けてください。聖霊の導きに身を委ね、あなたの道を、あなたの望まれることを悟ることができますように。父、子、聖霊としてのあなたを知ることを望みます。日々生きていく中に、あなたを求める知恵と心を豊かに与えてください。アーメン。

　　　　　主を畏れる人に
　　主は契約の奥義を悟らせてくださる。
　　　　　　　　　　　　　　（詩編25編14節）

7月1日

恐れを感じるとき

わたしは、平和をあなたがたに残し、わたしの平和を与える。わたしはこれを、世が与えるように与えるのではない。心を騒がせるな。おびえるな。
（ヨハネによる福音書 14 章 27 節）

　主よ、恐れの中に生きているすべての人と共にいてくださるよう、今日、御名を呼び求めます。戦争、病気、栄養不足などのために命が脅かされている人たちを、どうぞ顧みてください。どんなに厳しい状況でもあなたが共にいてくださるということを、知ることができるようにしてください。
　主よ、職を失いそうになっている人、結婚生活が壊れそうな人など、恐れの中にいる人たちと共にいて、あなたの平安を与えてください。あなたがいつでもそこにいてくださるということを、悟らせてください。
　わたしたち一人一人があらゆる恐れを克服し、あなたの平安を受け取ることができますように、アーメン。

主はわたしの光、わたしの救い
わたしは誰を恐れよう。

（詩編 27 編 1 節）

7月2日

信じるときに

信じなければ、あなたがたは確かにされない。
（イザヤ書7章9節）

　父よ、あなたは、わたしたち一人一人のうちにあなたへの信頼を与えてくださいました。
　あなたを信じることを選び取るとき、何かが変わります。なぜか、前よりもあなたにつながることができるのです。そればかりか、他の人たちのことも、もっと信頼することができるようになります。
　心の限りを尽くしてあなたを求めるわたしたちに、さらに信仰を与えてください。「自分にはすでに聖霊が与えられている」ということをまだ知らない人たちのためにも祈ります。その人たちがより真剣にあなたを求めることができるよう、支えてください。
　あなたを信じるわたしたちが大きな喜びをもって生きることができますように、アーメン。

　　　　主への畏れは清く、いつまでも続き
　　　　主の裁きはまことで、ことごとく正しい。
　　　　　　　　　　　　　　　（詩編 19 編 10 節）

7月3日

親切の種をまく

こうして、神は、キリスト・イエスにおいてわたしたちにお示しになった慈しみにより、その限りなく豊かな恵みを、来るべき世に現そうとされたのです。
(エフェソの信徒への手紙 2 章 7 節)

　主よ、わたしたちキリスト者には、あなたの慈しみを人に分け与える使命があります。親切の種はどんなにまいてもまき切れないものです。小さな親切さえも受けることのない人たちが、どこにでもいるからです。
　今日、どんなに小さなことでも、人を励ます種をまくことができますように。誰かに親切にする機会を見逃さないよう助けてください。励ましの笑顔を必要としている疲れた人がいます。その人に気付くことのできる目を、わたしに与えてください。イエスの御名を通してお祈りします。アーメン。

　　　　主は天から見渡し
　　人の子らをひとりひとり御覧になり
　　　　御座を置かれた所から
　　地に住むすべての人に目を留められる。
(詩編 33 編 13-14 節)

7月4日

必要な教育

若者を歩むべき道の初めに教育せよ。
年老いてもそこからそれることがないであろう。
(箴言 22 章 6 節)

　父よ、わたしたちに本当に必要な教育とは、学校を出ることではなく、霊的な教育です。それは、善悪の区別がつくようにする教育です。自分の能力やお金などを、人の益になるように用いることができるようにする教育です。
　計算や読み書きだけではない教育、一生使えるライフスキルを、次世代の子どもたちに与えることができますように。若者が安全な道からそれることなく、あなたに向かって成長し、歩いていくことができますように。今日、人を教育する仕事を担うすべての人を祝福してください。アーメン。

教育を受けたことがない人が、貨車から物を盗んだとしよう。
これが大卒者ならば、鉄道ごと盗んでしまうだろう。
　　　　　　　　　　　　—— セオドア・ルーズベルト

7月5日

誘惑に打ち勝つ

神は真実な方です。あなたがたを耐えられないような試練に遭わせることはなさらず、試練と共に、それに耐えられるよう、逃れる道をも備えていてくださいます。
(コリントの信徒への手紙一 10 章 13 節)

　主よ、わたしたちは誘惑を軽く見てしまいます。影響力の小さい単純な誘惑もありますが、大きな誘惑には特に気をつけなければなりません。仕事の手を抜く誘惑や、結婚の誓いを破る誘惑に打ち勝つことができますように。
　あなたの望まれない道を選ぶことがないよう、助けてください。わたしたちは日々誘惑に遭いますが、強くあることができますように。もしそれでも誘惑に負けてしまったら、そこから逃れ出ることができるようにしてください。アーメン。

　　隠された網に落ちたわたしを引き出してください。
　　　　　あなたはわたしの砦。

(詩編 31 編 5 節)

7月6日

高慢という罪

高慢には軽蔑が伴い
謙遜には知恵が伴う。
（箴言 11 章 2 節）

　父よ、心の奥底に高慢が生まれてしまうことがあります。どうぞ赦してください。どんなに小さな高慢も、一瞬のうちに打ち砕いてください。
　職業や富を自慢する罪から、わたしたちをお守りください。信仰さえも誇ることがありませんように。わたしたちは、ただあなたの恵みと憐れみを必要とする者です。そのことをいつも忘れずにいることができるよう、お支えください。
　傲慢から離れ、御手にすべてを委ね、ただあなたへの愛だけを誇ることができますように、アーメン。

キリスト教の師によれば、本質的な悪、最も邪悪なものとは、高慢である。不品行、怒り、貪欲、酩酊、こうしたことすべては、高慢と比べればせいぜい、のみのかみ痕ほどに小さなものである。悪魔を悪魔たらしめたのは、高慢であった。高慢はすべての悪に通ずるのである。

―― Ｃ・Ｓ・ルイス

7月7日

祈りを聞かれる神

わたしはあなたの祈りを聞き、涙を見た。
（列王記下 20 章 5 節）

　主よ、あなたは、祈りを通してわたしたちとつながることを望んでおられます。そのことに畏れを覚えます。昼も夜も、いつでも御前に出ることができることに感謝します。
　あなたはいつもわたしたちの祈りを聞き、それに答え、不平不満にも耳を傾けてくださいます。忙しくて暇がないなどとおっしゃることもありません。わたしたちが気付かなくても、いつも隣を歩いてくださるのです。
　今日、へりくだった心で祈ります。あなたの御旨と目的にかなうならば、そして、わたしや周りの人たちの益になるならば、わたしの祈りにどうぞ答えてください。アーメン。

祈りの目的は、神に対して何かを知らせることではない。祈ることで、人は自分の惨めさを思い知る。祈ることで、人の心はへりくだり、望みはかきたてられ、信仰には火がつき、希望は活気づき、魂は地から天へと上げられる。

―― アダム・クラーク

7月8日

愛という目標

愛を追い求めなさい。霊的な賜物…を熱心に求めなさい。
(コリントの信徒への手紙一 14章1節)

　主よ、今日わたしは、「人を愛します」と宣言します。愛することを追い求め、そのためにあなたの助けを求めます。
　愛することは、口で言うほど簡単なことではありません。家族を愛すること。上司や同僚を愛し、その人たちの考えやアイデアを尊重すること。知らない人たちを愛し、その人たちのうちにあなたの光を見ること。わたしが行くすべてのところで、愛を示すこと。すべてが、あまりに大きな課題です。
　今日、わたしの家族を祝福し、あなたを賛美する理由をたくさん与えてください。職場の人たちを祝福し、それぞれが自分の目標を達成できるよう導いてください。今日のこの日が、どの人にとっても愛にあふれた一日になりますように、アーメン。

　我々の手の業はすべて愛によって完成する。そこに追い求める目標があるから、我々は走る。愛という目標に向かって走り、たどりつけば、そこに安らぎがある。

—— アウグスティヌス

7月9日

今の命を生きる

御子と結ばれている人にはこの命があり、神の子と結ばれていない人にはこの命がありません。
（ヨハネの手紙一5章12節）

　主よ、わたしたちは、永遠の命は求めても、この地上で与えられている命を生きることを、おろそかにしてしまいます。毎朝あなたの霊によって新しくされ、新たに力を得、生きる目的を確認することを忘れてしまうのです。
　あなたにしっかりとつながって、今日という日を全力で、豊かに生き切ることができますように。あなたの御力に守られて生きるために、今日もあなたに信頼することができますように。
　わたしはあなたに愛されている子どもですから、贖われたこの命を安心して生きることができます。わたしの命を祝福してください。あなたの喜びのうちに生きることができますように、アーメン。

　　　生涯の日を正しく数えるように教えてください。
　　　知恵ある心を得ることができますように。
（詩編90編12節）

7月10日

善を行うこと

わたしは自分の望む善は行わず、望まない悪を行っている。

(ローマの信徒への手紙7章19節)

　父よ、わたしは恥じています。志を達成できないことがあまりにも多いからです。目標は高く、口に出したり紙に書いたりして、なんとか目指そうとしています。心から努力しようと思っているのです。でもいつの間にか、また失敗してしまいます。

　神よ、心からあなたの助けを求めます。人生の小さな誘惑に打ち勝つ心と霊を、わたしのうちに創造してください。わたしをつまずかせるのは、大きなことではなく小さなことです。取るに足らないことで自分をひとかどの者のように勘違いし、大したものでもないのに、手に入らなければもんもんとしてしまうのです。

　今日、善を行うことを求めるすべての人と共にいてください。善を行うことができるよう、力を下さい。主イエスの聖なる御名を通してお祈りします。アーメン。

　　　よいものが内にあるならば、外にも出てくる。
　　　　　　　　　　　　　　　―― トーマス・フラー

7月11日

知恵を求める

あなたがたの中で知恵の欠けている人がいれば、だれにでも惜しみなくとがめだてしないでお与えになる神に願いなさい。そうすれば、与えられます。
　　　　　　　　　　　（ヤコブの手紙1章5節）

　主よ、今の年齢に達するまでには、人生というものをおおよそ理解できるだろうと思っていました。この年になれば、あなたが求めておられることも、自分の進むべき方向も分かっていると期待していました。年を取れば知恵も増すと思っていたのですが、違っていました。
　わたしたちが限りある人生の時間を最大限に用い、よりよく、もっと賢く生きることができますように。あなたを求めるすべての者たちを祝福し、知恵を与えてください。アーメン。

　　　　　主の律法は完全で、魂を生き返らせ
　　　　主の定めは真実で、無知な人に知恵を与える。
　　　　　　　　　　　　（詩編19編8節）

7月12日

悪意を捨てる

無慈悲、憤り、怒り、わめき、そしりなどすべてを、一切の悪意と一緒に捨てなさい。互いに親切にし、憐れみの心で接し、神がキリストによってあなたがたを赦してくださったように、赦し合いなさい。

（エフェソの信徒への手紙 4 章 31-32 節）

　父よ、わたしの中のどんなに小さな悪意も赦してください。不親切なふるまいをお赦しください。正しくないことや意地の悪いことを考えたことも、どうぞ赦してください。こんな自分を認めたくはありませんが、認めざるをえません。
　主よ、あなたの光を求める者たちの心を洗い、癒やしてください。わたしたちの心から、怒りや罪悪感、欲求不満など、一切の悪意を取り除いてください。アーメン。

　　　悪意は命を閉じ込めるが、愛は開放する。
　　　悪意は命から力を奪うが、愛は力づける。
　　　悪意は命の味をまずくするが、愛はおいしくする。
　　　　悪意は命を病ませるが、愛は癒やす。
　　　悪意は命の目を見えなくするが、愛は油を注ぐ。
　　　　　　—— ハリー・エマーソン・フォスディック

7月13日

あなたを信じます

わたしが地上のことを話しても信じないとすれば、天上
のことを話したところで、どうして信じるだろう。
（ヨハネによる福音書3章12節）

　主よ、信じます。あなただけがこの宇宙の造り主であり、
地においても天においても、すべての力はあなたが握ってお
られるということを。あなたという恵みを受け取らせてくだ
さり、ありがとうございます。あなたのよき知らせ、福音に
感謝します。
　あなたに満たしていただけることを知らずに生きている人
たちを、父よ、助けてください。かたくなにあなたを拒んで
いる人たちを、顧みてください。あなたの光が見えず、あな
たの呼ぶ声が聞こえない人たちの心を開いてください。誰一
人道を見失うことがないように、あなたの憐れみと変わらな
い愛をもって守ってください。アーメン。

　信仰さえあれば、不可能なことは何もなくなる。それこそが、
真実、福音、よき知らせなのだ。
　　── ノーマン・ビンセント・ピール（著者による翻案）

7月14日

心新たに

心の底から新たにされて
(エフェソの信徒への手紙 4 章 23 節)

　主よ、後ろ向きな考え方にとらわれている人たちが多くいます。疑心暗鬼に取りつかれ、実際には降りかかることのない災いを心配して、真実が見えなくなっているのです。あなたの霊によって自由になろうとしないわたしたちを、どうぞ解放してください。

　人生に起こる小さなことについて、もっと前向きに考えることができるよう助けてください。よいものを受け取り、あなたの優しさを味わうことができますように。あなたのゆえに、わたしたちは人生に勝利しています。このことを理解できるように助けてください。

　今日あなたを見上げる一人一人を励ましてください。不要な心配事ではなく、あなたが求めておられることに目を向けることができますように、アーメン。

主こそ王。
全地よ、喜び躍れ。
多くの島々よ、喜び祝え。

(詩編 97 編 1 節)

7月15日

神の国を求める

あなたがたの天の父は、これらのものがみなあなたがたに必要なことをご存じである。何よりもまず、神の国と神の義を求めなさい。そうすれば、これらのものはみな加えて与えられる。

（マタイによる福音書6章32-33節）

　主よ、あなたのために生きることを、心からの志にすることができますように。
　この地上で神の国に生き、神の国の業を広めることを、わたしはひたすらに求めます。何をするにしても、御心にかなう形で成し遂げさせてください。成功しても失敗しても、わたしが挑戦することすべてに、あなたの光を見ることができますように、アーメン。

　大きなことを試みて失敗するほうが、何もなさずに成功するよりよい。

　　　　　　　　　　　　　——ロバート・H・シュラー

7月16日

孤独なときに

神は兄弟をわたしから遠ざけ
知人を引き離した。
親族もわたしを見捨て
友だちもわたしを忘れた。
（ヨブ記 19 章 13-14 節）

　父よ、今日、見捨てられ、孤独に苦しんでいる人のために祈ります。孤独の苦しさに耐えられる人はいません。慰めの手を差し伸べてくれる人が誰もいない人生は、痛みに満ちたものです。
　人生に孤独の波が押し寄せ、溺れそうなときに、わたしは祈ります。主よ、わたしたちと共にいてください。あなたが近くにおられ、いつも愛してくださっていることをはっきりと信じることができるよう、わたしたちの人生に触れてください。アーメン。

　いちばんの貧困は孤独です。誰にも必要とされていないという思いです。

———— マザー・テレサ

7月17日

悪人にも善人にも

父は悪人にも善人にも太陽を昇らせ、正しい者にも正しくない者にも雨を降らせてくださるからである。
（マタイによる福音書5章45節）

　主よ、あなたは、悪人にも善人にも、あらゆるよいものを与えてくださり、どんな人も愛してやまない方です。
　あなたの子どもたちが苦しみ、あなたの子どもではない人たちが成功するのを目にします。けれども、今の世での歩みがいかに苦しくても、次の世では、わたしたちは必ずあなたのそばにいることができます。この命が終わった後、あなたを知らない成功者たちは、あなたと共にいる喜びを味わえないかもしれないのです。
　わたしたちは、次の世でご臨在のうちに歩む者です。今日、それにふさわしい者でありますように。わたしがどこにいても、誰に対しても善を行うことができますように、アーメン。

　　　　主は恵み深く、慈しみはとこしえに
　　　　　　主の真実は代々に及ぶ。

（詩編100編5節）

7月18日

友のための祈り

　主は人がその友と語るように、顔と顔を合わせてモーセに語られた。
（出エジプト記33章11節）

　父よ、共に笑い、共に泣くことができる友を与えてくださり、ありがとうございます。
　元気をなくし、病んでいる友人を、どうぞ力づけてください。罪があるのなら、赦してください。何かを恐れているのなら、希望を与えてください。道を見失い、正しい道に戻るために導きを必要としているのなら、その手を引いてください。
　主よ、わたしの友を愛と喜びで豊かに満たし、御もとで憩わせてください。アーメン。

　人が幸福になるためにいちばん必要なものは、友情である。
―― エピクロス

7月19日

危機にあっても

だが、わたしには四人の者が火の中を自由に歩いているのが見える。そして何の害も受けていない。それに四人目の者は神の子のような姿をしている。

(ダニエル書3章25節)

　神よ、あなたの義の力を畏れます。あなたはご自身の力を示すため、人生の危機に天使を送ってくださる方です。
　燃え盛る炉に投げ込まれた三人のように、すばらしい信仰を持ってあなたに信頼し切る人たちがいます。わたしが同じ目に遭ったら、わたしの信仰はどうなってしまうでしょう。
　神よ、どのような危機にも、あなたに完全に信頼して対処することができますように。天使を送って守ってください。山をも動かす信仰をわたしに与え、すべてを御手に委ねることができますように。あなたの力と憐れみで、わたしのすることすべてを祝福してください。アーメン。

　　　　苦難の中から主を呼ぶと
　　　主はわたしに答えてくださった。

(詩編120編1節)

7月20日

心を新たにして

あなたがたはこの世に倣ってはなりません。むしろ、心を新たにして自分を変えていただき…なさい。
(ローマの信徒への手紙 12 章 2 節)

　主よ、またも道を誤り、あなたをがっかりさせてしまいました。どうぞ赦してください。進むべき正しい道に戻ることはできるのでしょうか。またしても、わなに陥る前には気付きませんでした。失敗してから自分のしたことを恥じています。

　父よ、わたしの心を新たにして、考え方を改めさせ、新しい人間へと変えてください。わたしのすべてをもってあなたを敬うことができるよう、歩み方を教えてください。あなたが喜ばないことをしてしまうたびに、わたしは惨めになります。弱いわたしをお赦しください。

　あなたの愛と恵みでわたしを強め、新しくしてくださいますように、アーメン。

　　失敗は、もっとよい方法で再挑戦するための好機である。
　　　　　　　　　　　　　—— ヘンリー・フォード

7月21日

神の約束を信じる

　神の約束は、ことごとくこの方において「然り」となったからです。それで、わたしたちは神をたたえるため、この方を通して「アーメン」と唱えます。
　　　　　（コリントの信徒への手紙二 1章20節）

　父よ、あなたが真実で、約束を守ってくださる方であることに感謝します。あなたは、ご自身がこの世でなさろうとすることをすべて成し遂げる方です。あなたは、わたしのような者を通してさえ、御業をなさいます。
　全身全霊で、感謝してあなたの愛を受け取ります。あなたの約束を信じます。あなたはわたしの暗闇の光、心が苦しむときの慰め、救い主です。わたしの人生のよりどころは、ただあなただけです。アーメン。

　「主の約束は確かだが、それが果たされるのを実際に見ることはない」と考えるのは間違いだ。主の約束を自分のものとして心に受け取ることこそ、信仰の要なのである。
　　　　　　　　　　　　　　　―― ジャン・カルヴァン

7月22日

主の計画

幻がなければ民は堕落する。
教えを守る者は幸いである。
　　　　　　　　（箴言29章18節）

　主よ、目標を高く設定し過ぎて、そこに至る道のりをおろそかにしてしまうことがあります。あなたの御旨に従い、地に足の着いた考えや計画が持てるよう、わたしを助けてください。わたしの計画があなたのご計画と同じものになるように、導いてください。
　わたしたちの道を本当に導くことができるのは、あなただけです。独りで築けるものなど何もありません。いつでも、あなたという土台が必要です。わたしたちの計画にあなたが関わってくださることに、感謝します。アーメン。

　　　　　主の企てはとこしえに立ち
　　　　　御心の計らいは代々に続く。
　　　　　　　　　　　　（詩編33編11節）

7月23日

知っておられる主

神の愛によって自分を守り、永遠の命へ導いてくださる、
わたしたちの主イエス・キリストの憐れみを待ち望みな
さい。

（ユダの手紙 21 節）

　主よ、あなたはわたしのことを何もかも知りながら、それ
でもなお愛してくださいます。わたしの存在する目的も、わ
たしの価値も、また幾度となくあなたを裏切ったことも、ご
存じです。
　主よ、さらにあなたの近くを歩ませてください。もっとあ
なたと話をさせてください。そうすれば、わたしの放つ光は
ますます明るくなるでしょう。
　人がわたしを通して御姿を見るような生き方をさせてくだ
さい。わたしがどのように生きるべきかは、あなたがいちば
んご存じです。わたしを導き、祝福してください。アーメン。

神よ、わたしを究め
わたしの心を知ってください。
わたしを試し、悩みを知ってください。

（詩編 139 編 23 節）

7月24日

道を備える

備えをせよ。
（エゼキエル書 38 章 7 節）

　主よ、洗礼者ヨハネはあなたのために道を整えました。そのように「道を備えよ」とあなたは語っておられます。
　わたしたちは新しい道を切り開き、人のために心を砕き、あなたを見上げる希望の種をまきます。もう一度この地上に戻って来られる主のために道を備えるわたしたち一人一人と、共にいてください。まだあなたを知らない人たちの目と耳を開いてください。主の御名によって語る者たちを、聖霊で満たしてください。
　主よ、いつの日にも、どの瞬間にも、あなたがお帰りになる日に備えることができますように、アーメン。

　事が起こってしまってから後悔するより、起こる前に準備し防ぐほうがよい。

—— 作者不明

7月25日

ご褒美の星印

だから、あなたがたの天の父が完全であられるように、
あなたがたも完全な者となりなさい。
（マタイによる福音書5章48節）

　主よ、子どものころ、よくできたときにもらえるご褒美の星印を集めては、喜んでいました。あなたからもたくさんの星を頂けたら、どんなによいでしょう。
　けれども、そんなご褒美の星も、空の星さえも、あなたの光に比べたら何でもありません。あなたの光を絶えず求めるわたしたちを、祝福してください。アーメン。

完全な者となるために必要な12の星は、神の愛、隣人愛、従順、純潔、清貧、賛美、告解、謙遜、禁欲、祈り、沈黙、平安である。

　　　　　　　　　　　　　　　——十字架の聖ヨハネ

7月26日

あなただけに

わたしたちは、目に見えないものを望んでいるなら、忍耐して待ち望むのです。
(ローマの信徒への手紙 8 章 25 節)

　主よ、わたしがいつも何かを望んでいることを、あなたはご存じです。新しい可能性、新しい友達、解決したい問題など、すべてを希望を持って御前に差し出します。この世でわたしが頼るのは、あなた一人だからです。
　父よ、今日、望みとよりどころをあなたに置き、忍耐して祈りの答えを待ち望むすべての人のために祈ります。へりくだってあなたに祈る一人一人のそばにいてください。ただあなたにのみ、わたしたちの希望はあります。アーメン。

　希望とは、物事がうまくいくという確信ではない。うまくいってもいかなくても、物事には意味があると確信しているということである。

　　　　　　　　　　　　　　—— ヴァーツラフ・ハヴェル

7月27日

新たにされて

だから、キリストと結ばれる人はだれでも、新しく創造された者なのです。古いものは過ぎ去り、新しいものが生じた。

（コリントの信徒への手紙二 5 章 17 節）

　主よ、いま再び、わたしの心に火をつけてください。新たな心でやり直し、改めてあなたにつながりたいのです。わたしに力を与え、新しく成長する機会を与えてください。

　なぜか、以前のようには、あなたにつながっていないように感じます。わたしのすべてをあなたにささげたいという願いが、前ほどにはないのです。わたしのしらけた心を赦してください。あなたの御子イエスによって再び御もとに帰らせてください。

　わたしのために用意してくださっている計画に信頼します。新しくされた心と新しい夢を与えてください。あなたの恵みと慈しみで、わたしを回復させてください。アーメン。

　信仰復興とは、神への新たなる服従にほかならない。

—— チャールズ・フィニー

7月28日

遣わしてください

わたしは言った。
「わたしがここにおります。
わたしを遣わしてください。」
（イザヤ書6章8節）

　主なる神よ、それぞれの立場であなたに仕えて働く人たちのために祈ります。あなたの聖霊の風をその人たちのところに吹き渡らせ、その働きを新しくしてください。世界中にあなたの教会を建て上げてください。
　わたしたちが互いに教え合うことができるよう、知恵と憐れみをもって導いてください。わたしたちがあなたの光を放ち、お互いを建て上げることができるよう、励ましてください。
　あなたが呼ばれるとき、「わたしがここにおります。わたしを遣わしてください」と、勇気と情熱をもってあなたに答えることができますように、アーメン。

　　祝福あれ、主の御名によって来る人に。
　　わたしたちは主の家からあなたたちを祝福する。
（詩編118編26節）

7月29日

光を身に着ける

夜は更け、日は近づいた。だから、闇の行いを脱ぎ捨てて光の武具を身に着けましょう。
(ローマの信徒への手紙 13 章 12 節)

　主よ、あなたの光ほどわたしの心を明るくするものは、ほかにありません。あなたの愛だけで光り輝くことができますように。わたしの放つ光が世に見えるほどに、わたしが明るく輝くことができるよう、支えてください。
　わたしが福音を恥とせず、あなたの愛を示す小さなことを恐れずにすることができますように。わたしはあなたのしもべ、あなたの子です。
　主よ、御名が光り輝き、あなたの愛で世の暗闇が照らされますように。主イエスの御名によって祈ります。アーメン。

　小さな光に恥じない行動をする者が、さらなる光を得る。
　　　　　　　　　　　　　　―― トーマス・ブルックス

7月30日

大胆に言い表す

なぜわたしたちはいつも危険を冒しているのですか。
（コリントの信徒への手紙一 15 章 30 節）

　父よ、世界には、あなたのことを口にするだけで命が危険にさらされる人たちがいます。けれども、わたしたちの多くにはそのような危険はありません。ところがわたしたちは、宗教に入れ込んだ頑固な人と見られることを恐れ、友人たちに信仰を隠してしまいます。
　人と違うことを恐れることがないよう、どうぞ助けてください。あなたのビジョン、あなたの計画、あなたの真実を、大胆に世に言い表していくことができますように、アーメン。

　大胆であれ。非現実的であれ。人と違うことを恐れるな。安全第一を標榜する平凡なやつら、普通であることの奴隷どもに、見せつけてやれ。目的を達成するために大きなビジョンを描こうとする者の気高さを。

　　　　　　　　　　　　　　—— セシル・ビートン

7月31日

愛する主よ、
この夜
目覚めている者たちを
見張りに立つ者たちを
泣く者たちを見守りたまえ。
眠れる者たちに御使いを遣わし
守りたまえ。

主キリストよ、
病の床にある者たちを心に留め
疲れた者たちを休ませ
死にゆく者たちを祝福し
苦しむ者たちを慰め
悩める者たちを憐れみ
喜ぶ者たちを守りたまえ
すべて汝の愛のゆえに。
アーメン

アウグスティヌス

8月

愛と尊敬

> すべての人を敬い、兄弟を愛し、神を畏れ、皇帝を敬い
> なさい。
>
> （ペトロの手紙一 2章17節）

　父よ、現代では、敬意というものは意味を失ってしまった
ようです。昔の人はもっとお互いやお年寄りを敬っていたも
のでした。また、一人一人の生き方も尊ばれていました。
　わたしたちがもっとお互いを敬うことができますように。
考え方、行動、ライフスタイルの違いを、互いに尊重し合う
ことができますように。
　わたしたちは皆、この宇宙を治める唯一の神であるあなた
の子どもです。互いに愛し合い、敬い合うことができるよう、
わたしたちを助けてください。アーメン。

> 敬意なくして、愛は高みへと昇ることはできない。敬意のな
> い愛は、片翼の天使のようなものだ。
>
> ―― アレクサンドル・デュマ・ペール

8月1日

助けてください

わたしの神、主よ、わたしを助けてください。
慈しみによってお救いください。
（詩編 109 編 26 節）

　主よ、つらいとき、悲しいときには、孤独に押し潰されそうになって「なぜこんなことに」と嘆きます。けれども、そのようなときはいつも、物事がうまくいっているときには意識しないあなたの存在に気付き、あなたの近くに身を寄せます。
　「あらゆることについて感謝しなさい」とあなたはおっしゃいましたから、感謝します。わたしの置かれている状況にも、わたしの思いや感情にも関係なく、あなたがそこにいてくださることに、感謝します。
　寂しい人、病床にある人、生きることに負けそうになっている人と、共にいてください。アーメン。

　　哀れな人を守ってくださる主は
　　弱り果てたわたしを救ってくださる。
（詩編 116 編 6 節）

8月2日

責任のなすり合い

「あなたがわたしと共にいるようにしてくださった女が、木から取って与えたので、食べました。」主なる神は女に向かって言われた。「何ということをしたのか。」女は答えた。「蛇がだましたので、食べてしまいました。」

（創世記 3 章 12-13 節）

　主よ、自分のしたことの責任を取ることは、ことのほか難しく感じられます。わたしたちは、「違う親の元に生まれていれば」「別の人と結婚していれば」と、他人に責任をなすりつけます。けれども、人生の現状は自分の選択の結果です。人ではなくわたし自身の心が、あなたから離れて決めてしまったことのせいなのです。

　御前に立ち、自らの行為の責任を取ることを求められるとき、あなたから離れずにいられますように。わたしたちの過ちを赦し、先に進めるよう助けてください。主イエスの御名によって、お祈りいたします。アーメン。

　　　　人間に頼らず、主を避けどころとしよう。

（詩編 118 編 8 節）

8 月 3 日

子どもに祝福を

神に従う人の父は大いに喜び躍り
知恵ある人の親は、その子によって楽しみを得る。
（箴言 23 章 24 節）

　主よ、あなたの大切な子どもたちを、御腕に抱いてください。
　望まれて生まれ、愛情を豊かに注がれる赤ちゃんもいれば、生まれたときからその存在すら無視されている子もいます。子どもたちに安心できる場所を与えてください。愛してくれる人、導き守ってくれる人を与えてください。子どもたちの親を導き、あたうるかぎりの愛を自分の子に注ぐことができるようにしてください。
　わたしたち誰もが、喜びの心で子どもたちに接することができますように、アーメン。

見よ、子らは主からいただく嗣業。
胎の実りは報い。
（詩編 127 編 3 節）

8月4日

主の道に歩む

イスラエルよ。今、あなたの神、主があなたに求めておられることは何か。ただ、あなたの神、主を畏れてそのすべての道に従って歩み、主を愛し、心を尽くし、魂を尽くしてあなたの神、主に仕え、わたしが今日あなたに命じる主の戒めと掟を守って、あなたが幸いを得ることではないか。

(申命記 10 章 12-13 節)

主よ、あなたは、わたしたちに求めておられることをはっきりと示しておられます。あなたの祝福の道からそれないように、わたしを支えてください。

父よ、あなたを愛します。すべてのことにおいてあなたを求め、あなたに従う知恵を与えてください。あなたの子どもにふさわしい、信頼に足る者になることができますように。主イエス・キリストの御名によって祈ります。アーメン。

たとえわずかでも神に服従するならば、天は開ける。そして、神の最も奥深い真実が、直ちに自分のものになる。すでに知っている神の命令に従おう。そうすれば、神はご自身の真実をさらに現されるだろう。

―― オズワルド・チェンバーズ

8 月 5 日

祈りの人

だから、主にいやしていただくために、罪を告白し合い、互いのために祈りなさい。正しい人の祈りは、大きな力があり、効果をもたらします。
(ヤコブの手紙5章16節)

　主よ、人生の小さなことまであなたの前に一切を差し出す、祈りの人となることを願います。けれども、わたしは弱い祈り手です。どうぞ赦してください。
　今日、あなたを求めるすべての人の心に火をつけてください。あなたが祈りに答えて大いなることをしてくださると信じることができますように。
　主よ、あなたの優しい聖霊の近くにいることができますように。わたしたちのなすことが自分と周りの人の益となるように、助けてください。アーメン。

　　　　主を呼ぶ人すべてに近くいまし
　　　まことをもって呼ぶ人すべてに近くいまし
　　　　主を畏れる人々の望みをかなえ
　　　　叫びを聞いて救ってくださいます。
(詩編145編18-19節)

8月6日

主を第一にする

上にあるものに心を留め、地上のものに心を引かれない
ようにしなさい。
（コロサイの信徒への手紙3章2節）

　主よ、家事や仕事で、物事に優先順位をつけることができ
ないことがあります。目の前のことに追われるのではなく、
最初にあなたに心を留めてから、考えたり行動したりできる
ように助けてください。ほかのことを始める前に、まず祈る
者としてください。
　進むべき道を見極める目を与えてください。あなたを信頼
し、喜んでその一歩を踏みだすことができますように。あな
たが求めておられることだけで、わたしの思いを満たすこと
ができますように。あなたを第一にし、あなたを喜ばせよう
とするすべての人を助けてください。
　この地上での貴重な時間を賢く使う知恵と力を与えてくだ
さい。主よ、あなたの導きに感謝します。アーメン。

　最も大切なものを第一にしないならば、二番目に大切なもの
を手に入れることなどできない。

――C・S・ルイス

8月7日

回復してください

わたしたちの主、救い主イエス・キリストの恵みと知識において、成長しなさい。
(ペトロの手紙二 3 章 18 節)

　父よ、わたしが現状に満足することなく前に進むよう、背中を押してくださり、ありがとうございます。あなたに励まされ、志をますます高く持つことができますように。
　苦しいとき、厳しい状況にあるとき、あなたは必ず共にいてくださいます。そして、わたしが問題を解決し、前を向いて歩いていけるよう助けてくださいます。
　あなたは、わたしが受けるに値しない慈しみを与えてくださる方です。失敗しても、そのたびに引き上げてくださいます。あなたはわたしの光、救いです。
　どうかあなたの誠実な愛に値する者になれますように。あなたの近くにいなければ、わたしの霊は成長できません。主よ、御心に従い、わたしを回復させてください。アーメン。

　　　　神よ、わたしの内に清い心を創造し
　　　新しく確かな霊を授けてください。
　　　　　　　　　　　　　(詩編 51 編 12 節)

8月8日

互いに愛し合う

わたしたちが愛するのは、神がまずわたしたちを愛して
くださったからです。

（ヨハネの手紙一 4 章 19 節）

　父よ、あなたは、欠点や失敗だらけのわたしを、無条件に、
あるがままに愛してくださる方です。
　あなたのように人を愛することは、難しいことです。けれ
ども主よ、あなたと同じように愛する意志を、わたしに持た
せてください。わたしを傷つける人を赦すことができ、わた
しに対して不親切な人にも親切にすることができますよう
に。
　今日、あなたが愛するように、わたしも家族や友人や隣人
を愛することができますように。人の表情に、また行動に、
あなたを見いだすことができるよう、助けてください。アー
メン。

　人生の最大の幸福は、自分がそのままで愛されている、いや
むしろ、このような自分でも愛されているということを、確
信できることである。

—— ヴィクトル・ユーゴー

8月9日

いたわり合う

　　万軍の主はこう言われる。
　　正義と真理に基づいて裁き
　互いにいたわり合い、憐れみ深くあり…
　　　　（ゼカリヤ書7章9節）

　主よ、わたしたちは、愛する人にも、まだ友達ではない人にも親切にできるはずです。わたしたちはあなたの似姿に造られているからです。それなのに、わたしたちはこのことを忘れ、互いに憐れみ深くあることを忘れてしまいます。
　どのような人にもつらい日があります。そのようなとき、小さな親切やいたわりがあれば、状況は変わります。笑顔で人を祝福できる人に、祝福を注いでください。
　今日、わたしがどこにいても、どんな小さな機会も見逃さず、人をいたわることができますように、アーメン。

　　あなたの慈しみは命にもまさる恵み。
　　わたしの唇はあなたをほめたたえます。
　　　　　　　　　　　　　（詩編63編4節）

8月10日

敵のために祈る

わたしのためにののしられ、迫害され、身に覚えのない
ことであらゆる悪口を浴びせられるとき、あなたがたは
幸いである。喜びなさい。大いに喜びなさい。天には大
きな報いがある。

(マタイによる福音書 5 章 11-12 節)

　父よ、わたしが誰かを傷つけ、その人がわたしの敵になっ
たのならば、わたしの思いやりのない心を赦してください。
わたしが知りながら、また知らずして傷つけた人を、豊かに
祝福してください。そして、その人たちとわたしが、敵では
なく友となれるように導いてください。
　罪のない人を食い物にし、恵まれない人に情けをかけず、
知りながら邪悪なことをする人たちに、もっと慈しみを注い
でください。主よ、あなただけが、わたしたちを変える力を
お持ちです。今日、愛のないわたしたちを、どうかあなたが
変えてください。アーメン。

　律法に表された神の意志は、「人は自分の敵を愛することに
よって相手を負かさねばならない」と語っている。

—— ディートリヒ・ボンヘッファー

8月11日

山をも動かす

あなたがたも信仰を持ち、疑わないならば、…この山に向かい、『立ち上がって、海に飛び込め』と言っても、そのとおりになる。信じて祈るならば、求めるものは何でも得られる。

（マタイによる福音書 21 章 21-22 節）

　父よ、「信仰があれば山をも動かせる。あなたにあってはすべてが可能だ」ということを信じたいのに、疑わずに祈ることができません。心に抱いている将来の夢について祈るとき、「こうだったらよいのに」と願うだけで、「そのとおりになる」と信じることができないのです。
　わたしの祈りが、あなたの思いやご計画と一致した、山をも動かすものでありますように。疑わず、信じて祈ることができるよう、助けてください。アーメン。

　　　　主よ、あなたは貧しい人に耳を傾け
　　　　　その願いを聞き、彼らの心を確かにし
　　　　　　　　　　　　　　（詩編 10 編 17 節）

8月12日

霊的な幸福を

あなたがたの中で苦しんでいる人は、祈りなさい。喜んでいる人は、賛美の歌をうたいなさい。

(ヤコブの手紙 5 章 13 節)

主よ、あなたはいつもわたしの状況を知っておられ、助けの手を差し伸べてくださいます。もっとあなたとの時間を過ごし、ご臨在の中でいつも喜んで過ごせますように。わたしの行くところどこにも、御手の業を見ることができますように。あなたの近くを歩くときだけに得られる霊的な幸福があります。これを求めるすべての人を、祝福してください。

今日、心が痛んでいる人、魂が疲れている人、打ちひしがれている人、それぞれに、あなたの恵みと慈しみを与えてください。あなたが誠実な方であることを感謝します。アーメン。

神よ、守ってください
あなたを避けどころとするわたしを。

(詩編 16 編 1 節)

8月13日

変えてください

あなたがたはこの世に倣ってはなりません。むしろ、心を新たにして自分を変えていただき、何が神の御心であるか、何が善いことで、神に喜ばれ、また完全なことであるかをわきまえるようになりなさい。
　　　　　　（ローマの信徒への手紙 12 章 2 節）

　主よ、わたしは何度も、自分をあなたにささげようとしてきました。わたしを世に縛りつけ、あなたへの道を阻む事柄から離れようと繰り返し試み、どんなことにもあなたに信頼して喜ぼうとしてきました。
　自分をささげることに抵抗する頑固なわたしを救してください。あなたの守り以外に、わたしの居場所はありません。わたしはあなたの子どもです。
　あなたに抵抗することをやめ、降参して心を委ねることができますように。あなたの恵みのうちに、わたしの業を完成させてください。今日、自分を変えていただきたいと望むすべての人を、祝福してください。アーメン。

　　　　　わたしの心は御救いに喜び躍り
　　　　　　主に向かって歌います
　　　　「主はわたしに報いてくださった」と。
　　　　　　　　　　　　　　（詩編 13 編 6 節）

8月14日

わたしの勝利の源

あなたがたには世で苦難がある。しかし、勇気を出しな
さい。わたしは既に世に勝っている。

（ヨハネによる福音書 16 章 33 節）

　主よ、時には、自分は勝利していて、力があり、先も見え
ていると感じることがあります。それはあなたから来るもの
ですから、感謝します。
　けれども大半の場合、物事は思うとおりにはなりません。
そのようなときには、主よ、うまくいかないことではなく、
あなたを信頼することに、焦点を合わせることができますよ
うに。あなただけがわたしの希望、勝利の源です。
　父よ、あなたを見上げます。あなたは、あらゆる可能性に
つながる道です。そのことを心から知ることができますよう
に。わたしが希望を高く掲げることができるのは、あなたが
おられるからです。アーメン。

　　負けという言葉を使うな。希望、信念、信仰、勝利と言え。

—— ノーマン・ビンセント・ピール

8
月
15
日

祝福にしがみつく

ヤコブは答えた。「いいえ、祝福してくださるまでは離しません。」「お前の名は何というのか」とその人が尋ね、「ヤコブです」と答えると、その人は言った。「お前の名はもうヤコブではなく、これからはイスラエルと呼ばれる。お前は神と人と闘って勝ったからだ。」

(創世記 32 章 27-29 節)

　主よ、わたしたちも、あなたと闘うことがあります。けれども、ヤコブのように一心不乱にあなたの祝福にしがみつくことは、なかなかできません。

　主よ、わたしたちが喜びをもってあなたの祝福を待ち望むことができるよう助けてください。あなたを救い主として信じたその日に、わたしたちは新しい名と新しい心を与えられました。このことに信頼することができますように。

　自分の人生と闘っているすべての人と、どうぞ共にいてください。自分に与えられた可能性を最大限に生かす者になるまで、倦むことなく努力し続けることができるよう支えてください。アーメン。

　人生の唯一の目的とは、自分の可能性を最大限に生かす者になることだ。

　　　　　　　　── ロバート・ルイス・スティーヴンソン

8月16日

何度でもやり直す

愛する兄弟たち…主の業に常に励みなさい。主に結ばれ
ているならば自分たちの苦労が決して無駄にならないこ
とを、あなたがたは知っているはずです。
（コリントの信徒への手紙一 15 章 58 節）

　主よ、あなたは、わたしが転んだら引き上げ、もう一度や
り直させてくださる方です。あなたの力と導きなしでは、わ
たしには何もできません。
　主の業を行うことに、もっと上手になれますように。努力
し過ぎるときもあれば、努力が足りないときもあります。け
れどもあなたの愛は、わたしの努力の度合いで変わるもので
はありません。このようなわたしをもあなたは選んでくだ
さったのですから。
　父よ、あなたの御旨をなさせてください。わたしたちの業
を祝福し、お守りください。失敗しても何度でもやり直す強
い意志を与えてください。御そばにいることを願うわたした
ちを、もっと近くに引き寄せてください。アーメン。

種の袋を背負い、泣きながら出て行った人は
束ねた穂を背負い
喜びの歌をうたいながら帰ってくる。

（詩編 126 編 6 節）

8月17日

道を誤るとき

わたしたちは羊の群れ
道を誤り、それぞれの方角に向かって行った。
（イザヤ書53章6節）

　父よ、わたしが道を誤るときには、あなたから遠くへ行かないように見張ってください。迷子になってもあなたのところに連れ戻し、しっかり捕まえて離さないでください。わたしの心を、誘惑や世の雑音ではなく、聖霊で満たしてください。
　道を誤り、勝手な方向に行ったけれども、また家に帰りたいと願っている放蕩息子や娘たちのために祈ります。一人一人があなたの愛の中に戻っていくことのできるよう、どうぞ導いてください。アーメン。

わたしが小羊のように失われ、迷うとき
どうかあなたの僕を探してください。
あなたの戒めをわたしは決して忘れません。
（詩編119編176節）

8月18日

心の中に

あなたがたは、自分が神の神殿であり、神の霊が自分た
ちの内に住んでいることを知らないのですか。
（コリントの信徒への手紙一 3 章 16 節）

　主よ、わたしはじっと座っていることができず、世の雑事
に追われています。けれどもそのような用事が本当に大切な
ことなのか、確信はありません。ペースを落として人間らし
く生きることができるよう、助けてください。
　あなたを無視して忙しそうに働いていても、自分という神
殿の中心にあなたをお迎えしないのならば、意味がありませ
ん。どのように生きるかではなく、何をするかを優先してし
まうわたしを、どうぞ赦してください。
　日々のスケジュールをただいっぱいにするのではなく、賢
く一日を過ごす者としてください。わたしたちが何をするに
しても、心の中心にあなたがいてくださいますように、アー
メン。

　行いに意味がないということではない。ただし、正しい生き
　方から正しい行いが湧き出るということなのだ。
　　　　　　　　　　　　　　　　　—— ロバート・ルエリン

8
月
19
日

あなたを待ち望む

あなたがたから離れて天に上げられたイエスは、天に行かれるのをあなたがたが見たのと同じ有様で、またおいでになる。

（使徒言行録1章11節）

　父よ、わたしたちは待ち望んでいます。傷が癒やされることを。祈りが答えられ、扉が開かれることを。わたしたちは、誰かのために、また、ある状況や夢のために、繰り返し祈ります。祈りが聞かれることを待ち続けます。けれどもしだいに落胆し、「祈りが聞かれることはあるのか」と疑い始めるのです。

　あなたを待ち望むわたしたちと共にいてください。あなたが叫びを聞いてくださることを待っている者がいます。あなたが花嫁を迎えに来てくださる日を待つ者がいます。待っている一人一人を、あなたの愛で祝福してください。アーメン。

> わたしは主に望みをおき
> わたしの魂は望みをおき
> 御言葉を待ち望みます。
>
> （詩編130編5節）

8月20日

聖なるものに

終わりに、兄弟たち、すべて真実なこと、すべて気高いこと、すべて正しいこと、すべて清いこと、すべて愛すべきこと、すべて名誉なことを、また、徳や称賛に値することがあれば、それを心に留めなさい。
　　　　　（フィリピの信徒への手紙 4 章 8 節）

　主よ、あなたが与えてくださる美しく聖なるものにわたしの思いを巡らせ、この世のものに心を留めることがないよう、助けてください。わたしたちの思いを悪から救い出し、あなたの姿を見ることができるようにしてください。自分自身をもよく知ることができるよう、助けてください。
　あなたのよいものでわたしの渇いた魂と霊を豊かに満たし、今日、わたしたちの思いを天に向けることができるよう、お導きください。アーメン。

　どうか、平和の神御自身が、あなたがたを全く聖なる者としてくださいますように。
　　　　　（テサロニケの信徒への手紙一 5 章 23 節）

8月21日

収穫のとき

わが子ソロモンよ、この父の神を認め、全き心と喜びの魂をもってその神に仕えよ。…もし主を求めるなら、主はあなたに御自分を現してくださる。

（歴代誌上 28 章 9 節）

　主よ、雨にも風にも、不満という雑草にも負けずに、自分と人の心にあなたの愛の種をまくことができますように。あなたの愛と慈しみで、それぞれの種を伸び伸びと成長させてください。そして、あなたが咲かせてくださる恵みの花を摘み、周りの人に差し出すことができますように。

　主よ、わたしたちの霊を成長させてください。わたしたちを育て、強め、あなたに忠実な者としてください。そして、真実という収穫を与えてください。あなたが実らせてくださる実りを、喜びのうちに刈り取らせてください。アーメン。

　実った初穂を簡単に刈り取る草刈り機になろうとするな。疲れても負けずに、よい行いに励め。主の慰めという永遠の実りを刈り入れることになるのだから。

—— ジョージ・ホウィットフィールド

8月22日

心を尽くして

わたしを尋ね求めるならば見いだし、心を尽くしてわたしを求めるなら、わたしに出会うであろう、と主は言われる。

(エレミヤ書 29 章 13-14 節)

　主よ、心を尽くしてあなたを求めます。わたしが望んでいる姿ではなく、あなたの本当の姿を求めます。あなたは、栄光ある恵み深い主です。あなたを説明し尽くすことはできませんが、あなたを知ることはできる、そのような方です。わたしには、あなたのほんの一部しか見えません。それでも、もっとはっきりとあなたの姿を見ることを、切に願います。今日、あなたを求める一人一人を、あなたの近くに引き寄せてください。

　言葉にできないほどの愛でわたしたちを愛し、わたしたちのために命を捨ててくださり、ありがとうございます。あなたの変わらない、真実な愛に感謝します。アーメン。

　我々が望む神の姿と、実際の神の姿は異なっている。我々が望む神ではなく、実際の神を求め始めるとき、転機が訪れる。

—— パトリック・M・モーレイ

8 月 23 日

自分を吟味する

信仰を持って生きているかどうか自分を反省し、自分を吟味しなさい。あなたがたは自分自身のことが分からないのですか。イエス・キリストがあなたがたの内におられることが。

　　　　　（コリントの信徒への手紙二 13章5節）

　主よ、どうぞわたしの暗闇をあなたの光で照らし、わたしを形づくってください。自分のことをもっとよく知ることができますように。人がわたしのあり方を通して自分の信仰を吟味するほどに、わたしの光を明るくしてください。わたしがするすべてのことに、あなたの輝きを増し加えてください。アーメン。

こまめに髪をくしけずれば、髪はつややかさを増し、くし通りもよくなる。わたしたちの思い、言葉、行いが髪だとする。魂のくしでその髪をこまめにくしけずるなら、髪はつややかになる。それはすなわち、自分の思い、言葉、行いを吟味し、すべてを神の愛のために行うということである。

　　　　　　　　　　　　　　　── 十字架の聖ヨハネ

8月24日

生きることを喜ぶ

主に感謝をささげて御名を呼べ。
諸国の民に御業を示せ。
（歴代誌上 16 章 8 節）

　主よ、人生の意味を理解しようとするあまり、日々生きる喜びを忘れてしまいます。あなたを知れば知るほど、あなたがわたしに下さる喜びを、もっと味わうことができます。そして、あなたの偉大さを人に伝えたくなります。
　わたしは、生きていることを喜びます。人生を豊かにしてくれる周りの人たちの命を喜びます。あなたの恵みをほめたたえます。命という大切な贈り物を、ありがとうございます。アーメン。

　人生は祝祭ではない。教育である。よりよく愛することについて学ぶ過程が、永遠に続くのだ。
　　　　　　　　　　　　　　—— ヘンリー・ドラモンド

8月25日

引き戻される

荒れ野よ、荒れ地よ、喜び躍れ
砂漠よ、喜び、花を咲かせよ…
大いに喜んで、声をあげよ。
（イザヤ書 35 章 1-2 節）

　主よ、人生を振り返ると、花を咲かせるどころか、雑草を生やすことしかできないときがありました。あなたの呼ぶ声を聞かず、あなたにふさわしい生き方ができなかったときです。
　それでもあなたは、わたしを元の道に引き戻し、わたしを抱きしめてくださいました。そして再び元気に育つチャンスを与えてくださいました。わたしはまた雑草を生やすことでしょう。それでもわたしはあなたの園にいて、あなたの慈しみと恵みの中に生きています。
　あなたから離れてしまい、美しい花を咲かせることができないときにも、わたしを赦してください。あなたの大きな愛で、わたしを御もとに引き戻してください。アーメン。

　　　立ち上がって、我らをお助けください。
　　　我らを贖い、あなたの慈しみを表してください。
（詩編 44 編 27 節）

8月26日

さび取り

思い煩いは、何もかも神にお任せしなさい。神が、あな
たがたのことを心にかけていてくださるからです。
（ペトロの手紙一 5 章 7 節）

主よ、思い煩いでまたさび付きそうです。わたしを磨いて、
さびを落としてください。思い煩いはわたしの勝手な取り越
し苦労にすぎません。今日、わたしのさびだらけの思いを削
り取ってください。そして、すべてを御手に委ねることがで
きるよう、わたしの信仰を磨き上げてください。

高いところからすべてを見通しておられるあなたは、わた
しにいちばんよいことをご存じです。あなたが計画しておら
れる目的地へのルートを、あなたは知っておられます。

あなたの恵みのうちに安らぎ、休むことができますように。
まだ見ぬ未来への賛美でわたしを満たしてください。アーメ
ン。

思い煩いとは、人生に付くさびである。命から明るさを奪い、
その力を弱める。変わらない神の摂理に対する子どものよう
な信頼こそ、不安を予防し、また和らげる最良の薬である。

—— 作者不明

8月27日

自分を低くする

だから、神の力強い御手の下で自分を低くしなさい。そうすれば、かの時には高めていただけます。

(ペトロの手紙一5章6節)

　主よ、何か耳目を集めるようなことを成し遂げて、称賛を得たいと思うときがあります。わたしたちは誰でも、「自分はよい仕事をしている」、「誰かにそのことを認めてもらいたい」と思っているのです。

　父よ、あなたが授けてくださった才能をへりくだって受け取り、使わせてください。そうすれば、わたしたちはあなたの光の中で輝くことができます。

　「成功へのはしごを上れば何でも手に入る」という誤った考えを、改めることができますように。あなたに召されている仕事をするならば、必ずあなたからの称賛を頂くことができるということを理解させてください。あなたを心からほめたたえ、賛美します。アーメン。

　名誉や権力は、謙遜を危険に陥れる。命を危険にさらして、腐ったはしごを登るようなものだ。

—— 聖ヨアンネス・クリマクス

8月28日

迷子になっても

言っておくが、このように、悔い改める一人の罪人については、悔い改める必要のない九十九人の正しい人についてよりも大きな喜びが天にある。

（ルカによる福音書 15 章 7 節）

主よ、あなたはすでに、その大きな慈しみのゆえに、わたしをご自分のもとに引き戻してくださいました。ですからあなたは、わたしを遠くに行かせることはありません。それでもなお、自分の魂が失われていると感じる日があります。

今日、道に迷っているあなたの子どもたちに触れてください。放蕩息子を迎える父のように、愛と恵みに満ちた顔で走り寄ってください。

あなたの国がわたしの家であることを忘れ、出て行こうとしてしまうときには、どうぞ赦してください。わたしの魂を離さずにいてくださることを、感謝します。アーメン。

どんなに道に迷い、遠くへ行ったとしても、イエスは必ずその人を探し出し、救う。

—— アンドリュー・マーレー

8月29日

すばらしい旅路

主よ、わたしは知っています。
人はその道を定めえず
歩みながら、足取りを確かめることもできません。
（エレミヤ書 10 章 23 節）

　主よ、あなたのご計画は、わたしたちがあなたに出会うことです。主イエスと共に歩む人生を取り戻すこと、それを、わたしたちの目的地と定めておられます。
　ご存じのとおり、わたしは自分の計画ばかり立てています。新しい目標を定め、新しい夢を描きます。人生は自分のものではないということを、つい忘れてしまいます。けれどもあなたは、わたしのためによい計画をお持ちです。あなたが定められた道からそれることがなければ、わたしは、あなたと共に夢をかなえることができます。わたしのためにすばらしい旅路を用意してくださっていることを、感謝します。アーメン。

　天を目指せ。そうすればそこに地上のことも入ってくる。地上のことを求めるなら、何も手に入れることはできない。
　　　　　　　　　　　　　　　——C・S・ルイス

8月30日

教えてください

言葉を侮る者は滅ぼされ
戒めを敬う者は報われる。
（箴言 13 章 13 節）

　主よ、あなたは、わたしのいちばんの師、あなたの道を教えてくださる方です。聖書には、人がつまずいた落とし穴や障害物の例が挙がっています。

　何をするにしても御言葉に従うことができるよう、助けてください。そうすればわたしは成長し、あなたが備えてくださっているよいご計画に従うことができるでしょう。

　今日、あなたの導きを求めるすべての人たちと共にいてください。あなたの知恵と御言葉を求めるすべての人たちを、祝福してください。あなたが求めておられることを、具体的に示してください。主よ、あなたの教えをいつでも喜んで聞くことができますように、アーメン。

わたしはあなたを目覚めさせ
行くべき道を教えよう。
あなたの上に目を注ぎ、勧めを与えよう。

（詩編 32 編 8 節）

8月31日

愛する主よ、あなたは
行く道の輝く炎
頭上で導く星
足元のなだらかな道
後ろから追ってくる優しい羊飼い
今日も、今夜も、いつまでも。

コルンバ

9月

心を開いた祈り

神の御心を行って約束されたものを受けるためには、忍耐が必要なのです。

（ヘブライ人への手紙 10 章 36 節）

　主よ、わたしは祈りのうちに御もとに近づき、傷つけられたことやうれしかったことなど、自分のことを何でも話したいと思うときがあります。
　またあるときは、あなたを怒らせたのではないか、悲しませたのではないかと心配し、御もとに近づこうと思えなくなります。そのようなときは、あなたが遠くにおられるように感じます。
　わたしの気持ちがどうであれ、あなたはいつもすぐそばにいてくださいます。感謝します。あなたは、よいときも最悪なときも、わたしを受け入れてくださる方です。わたしが祈るとき、あなたがすぐ近くにいてくださることを信じることができますように、アーメン。

　あなたの心にある喜びや痛みを、親しい友に語るように神に伝えよう。

—— フランソワ・フェヌロン

9月1日

必要を満たして

しかし、言は、自分を受け入れた人、その名を信じる人々には神の子となる資格を与えた。
（ヨハネによる福音書1章12節）

　主よ、わたしの必要をいつも満たしてくださることを感謝します。安心で温かな家庭を備えてくださり、ありがとうございます。また、わたしを愛し、励まし、支えてくれる人たちを身近に与えてくださり、感謝します。
　主よ、わたしとわたしが愛する人たちに近づいて、生活に必要なものを備えてください。
　また、家もない貧しい人たちのためにも祈ります。人の心を動かし、貧しい人たちを助ける者たちを多く起こしてください。アーメン。

　　　　主は地をその基の上に据えられた。
　　　地は、世々限りなく、揺らぐことがない。
（詩編104編5節）

9月2日

神の力

わたしたちの内に働く御力によって、わたしたちが求めたり、思ったりすることすべてを、はるかに超えてかなえることのおできになる方に、
　　　　（エフェソの信徒への手紙3章20節）

　主よ、わたしの魂を力づけてください。御力によって人のために働きたいと、わたしは望みます。けれども同時に、恐れも感じます。「人を燃え立たせる力など自分にはふさわしくないのではないか」と臆病になるのです。「あなたをがっかりさせ、誰かをつまずかせることにならないか」と心配になります。
　主よ、わたしを通してあなたが成し遂げようとされていることを、あなたはご存じです。あなたの語りかけに心を開き、御旨に従って喜びのうちに進んでいけるように、わたしを助けてください。アーメン。

　高い霊性は、魂の力と情熱をキリストという方に集中させることで得られる。
　　　　　　　　　　—— チャールズ・H・スポルジョン

9月3日

親切な言葉を

親切な言葉は蜜の滴り。
魂に甘く、骨を癒す。
（箴言 16 章 24 節）

　主よ、言葉の持つ力に思いを巡らすとき、あなたがこの世界を御言葉によって造られたことを覚えます。
　不親切な言葉は破壊的です。それは、体を傷つける以上に大きな傷を人に与えます。わたしたちは語ることにもっと注意を払うべきなのに、自分の言葉の影響を見過ごしています。
　親切な言葉によって傷ついた心が癒やされ、わたしの愛する人たちが励まされますように。今日、人にもっと親切になれるように、わたしを助けてください。アーメン。

　親切な言葉は短く、簡単に語ることができます。しかし、それは永遠にこだまするのです。

―― マザー・テレサ

9月4日

希望

> 希望の源である神が、信仰によって得られるあらゆる喜びと平和とであなたがたを満たし、聖霊の力によって希望に満ちあふれさせてくださるように。
>
> （ローマの信徒への手紙 15 章 13 節）

　主よ、あなたにある希望こそ、わたしたちの心を満たすものです。わたしたちはいつでもあなたを見上げ、あなたからの恵みと癒やし、そして慰めを求めて祈ります。

　崩れかけ、揺れ動いているこの世界で、希望を持ち続けることは簡単ではありません。どうかあなたに希望を置くわたしたちと共にいてください。あなたの希望を握りしめ、すべてのよいものを造られたあなたを信頼することができますように。

　あなたはこの世の望みです。あなたが備えてくださるすべてを待ち望みます。あなたの愛でわたしたちを慰め、新しくしてください。アーメン。

　人間の自然な思いは、快楽から快楽に向かうのではなく、希望から希望に向かうものである。

—— サミュエル・ジョンソン

9月5日

真の成功

あなたの業を主にゆだねれば
計らうことは固く立つ。
（箴言 16 章 3 節）

　主よ、「今の成功は自分の努力の結果だ」と、つい誤解してしまうわたしを赦してください。あなたに自らをささげることなく働きを進めたことを、お赦しください。御手からの賜物ではない力や能力、また成功は、この地上にはありません。地上の一切はあなたの驚くべき恵みと憐れみの表れです。
　わたしたちは、自分の足で立つことを大切にするあまり、自分の持てるものと自分自身をあなたにささげることを忘れてしまいます。けれども、あなたにささげ尽くすことこそが、本当の成功なのです。あなたが望まれる成功だけを求めることができるよう、助けてください。アーメン。

　平安のうちにわたしたちを保ち、引き上げ、豊かにし、強めてくださった恵みの御手を、わたしたちは忘れてしまった。
　　　　　　　　　　　── アブラハム・リンカーン

9月6日

かたくなさ

この民の心は鈍り、耳は遠くなり、
目は閉じてしまった。
こうして、彼らは目で見ることなく、
耳で聞くことなく、
心で理解せず、立ち帰らない。
（使徒言行録 28 章 27 節）

　主よ、御声が聞こえず、御旨が理解できないほどに、かたくなでいたときのことをお赦しください。「わたしは、しなやかで柔軟で、いつでもあなたに従っている」と考えたいのですが、実際は違います。生活のさまざまな場面で、我を通そうとしてしまいます。わたしのかたくなな心をお赦しください。

　父よ、あなたはわたしの名を呼んで、あなたの子としてくださいました。その憐れみと恵みのゆえに祈ります。わたしのかたくなな心を和らげてください。あなたを愛し、あなたのために生きる者としてください。アーメン。

　　　「頑固」それがわたしの名前だ。
　　　　　　　　　　—— マルティン・ルター

9月7日

神の武具

わたしに岩のような力があるというのか。
このからだが青銅のようだというのか。
いや、わたしにはもはや助けとなるものはない。
（ヨブ記 6 章 12-13 節）

　主よ、わたしはとても弱い者です。風向きが変わると考え
が変わり、経済的に苦しくなるともうだめだと思い、友に裏
切られると人生は終わりだと思ってしまいます。
　あなたなしでは全く無力な自分には、驚くばかりです。あ
なたは揺れ動くわたしたちを支える岩、疲れ果てたときの隠
れ家です。
　あなたからの武具をまとわせてくだい。そうすれば、わた
しに害を及ぼすものは何もありません。また、あなたが備え
てくださった道を変えることは誰にもできません。あなたの
武具を輝かせ、喜びをもって前進することができるよう助け
てください。アーメン。

　魂を揺るがないものにするのは、実際の武具ではなく神の武
具である。

—— ウィリアム・ガーナル

9月8日

そこにおられる神

約束してくださったのは真実な方なのですから、公に言い表した希望を揺るがぬようしっかり保ちましょう。
(ヘブライ人への手紙 10 章 23 節)

　主よ、悲しみに沈むとき、「助けてください」と祈ることしかできません。願っていたとおりに物事が進まないのは、自分の責任です。けれどもあなたはわたしに真実な方です。あなたはいつもやり直す機会を与えてくださり、絶望の淵から立ち上がって御顔を求めるようにしてくださいます。
　今日あなたが共にいて、あなたの約束で励ましてくださることを感謝します。助けを求めて手を差し伸ばすとき、あなたは必ずそこにおられます。あなたの約束に立つわたしたちを、どうぞ祝福してください。アーメン。

人生の多くの時間が無益に過ぎたが、それでも自分を変えようと決心するのはなぜだろうか。わたしには作り変えられる必要があり、絶望してはならないからだ。神の助けを求めてへりくだりつつ、わたしは変わろうとする。

—— サミュエル・ジョンソン

9月9日

驚くべきこと

わたしにとって、驚くべきことが三つ
知りえぬことが四つ。
天にある鷲の道、岩の上の蛇の道
大海の中の船の道、男がおとめに向かう道。
(箴言 30 章 18-19 節)

　主よ、箴言の作者は、宇宙ロケットやインターネットに驚くことでしょう。けれども、男女の愛、人の心にある真実な愛は、箴言の時代も今も変わらず、すばらしいものです。
　あなたの御業には驚くばかりです。大きな滝、愛らしい子猫、見知らぬ人の親切な言葉、愛の行為などに触れると、わたしたちは心揺さぶられます。
　あなたが備え、与えてくださったものを驚くことができますように。驚くばかりのあなたの愛、憐れみ、そして、導きを与えてください。アーメン。

　あなたの人生は、あなたがそれをどう見るかで決まる。
　　　　　　　　　　　　　　　—— ジグ・ジグラー

9月10日

愛に生きる

神は愛です。愛にとどまる人は、神の内にとどまり、神もその人の内にとどまってくださいます。
（ヨハネの手紙一 4章16節）

主よ、わたしたちは愛することが下手な者です。愛を出し惜しみしたり、逆に愛されることを恐れて心の壁を築いたりします。

父よ、あなたの愛に感謝します。わたしたちが成長し、愛にあふれる者となれるよう、助けてください。

あなたのように愛し合うことができますように。愛についてもっと深く知ることができますように。完全な愛は恐れを締め出します。豊かに愛することができるように、わたしを変えてください。アーメン。

イエス・キリストは愛の上にその帝国を築いた。今この時も、何百万人もの人がイエスのために死ぬことをいとわない。
―― ナポレオン・ボナパルト

9月11日

与えられた者

すべて多く与えられた者は、多く求められ、多く任された者は、さらに多く要求される。
（ルカによる福音書 12 章 48 節）

　主よ、あなたは驚くべき方法でこの世に影響を与えておられます。わたしには多くのものが与えられていますから、人に仕える者となることを願います。名声や地位を求めるのではなく、あなたに委ねられた働きにふさわしい者になりたいのです。
　主よ、あなたの大いなる愛を人に与えたいと願うわたしたちと、どうぞ共にいてください。アーメン。

　人は 3 種類のグループに分けることができる。1. 事を起こす人、2. 事が起きるのを見ている人、3. 何が起きているのか分からない人。

―― 作者不明

9月12日

正しい問い

わたしが行くときまで、聖書の朗読と勧めと教えに専念しなさい。

(テモテの手紙一 4 章 13 節)

　主よ、人生のさまざまな状況に対して、わたしがいつも正しい答えを持っているとは思えません。けれども、「もっとあなたを愛するには」と問うことは、できるようになってきました。多くの答えが浮かびます。「人のためにもっと善を行う」「自分自身をより深く愛する」「すべてにおいてあなたを信頼する」「もっとあなたと語り合って成長する」などです。
　答えがないときでも、「あなたを愛するには」という問いを絶えず意識できるよう、助けてください。あなたを喜ばせることを熱心に求めさせてください。わたしを御そば近くに置いてくださり、感謝します。アーメン。

　生きるために欠かせないのは、答えを得ることではない。問いに押し潰ぶされそうな暗い日々にさえも神の臨在を感じることこそ、欠かせないのだ。

—— ラヴィ・ザカリアス

9月13日

振り向かない

主は、イスラエルを
すべての罪から贖ってくださる。
（詩編 130 編 8 節）

　主よ、後悔のとりこになることがあります。まるで、悔やめば過去を変えることができるかのように考えてしまいます。わたしたちは過去を変えることはできません。けれどもあなたは、今日という日を祝福してくださいます。過ぎ去った日々のためにエネルギーを浪費することなく、あなたが計画してくださっている未来に自分の力を注ぎ込むことができますように。

　過去にとらわれている人、過去の罪にさいなまれて先に進めなくなっている人と、どうぞ共にいてください。罪を赦し、新たなチャンスを与え、未来に光を見いだし、歩み続けることができるようにしてください。アーメン。

　これまでにむだにした時間を悔やむことは、残された時間をよいものにする力となりうる。ただし、無意味な後悔をやめるならば。

——— アーサー・ブリスベン

9月14日

救いの恵み

ほかのだれによっても、救いは得られません。わたしたちが救われるべき名は、天下にこの名のほか、人間には与えられていないのです。

(使徒言行録 4 章 12 節)

　主よ、わたしに命を与え、絶望や悪魔の策略から救い出してくださり、感謝します。
　あなたを見いだすことは簡単です。あなたの救いはシンプルです。あなたを愛し、あなたを信じるだけで、あなたはわたしたちを救ってくださるのです。
　こんなにも喜びに満ちたあなたとの関係は、地上では見いだせません。あなたはなくてならない方です。恵みあふれる救いの道を備えてくださったあなたに、心からの感謝をささげます。アーメン。

　　　　　　　救いは主のもとにあります。

(詩編 3 編 9 節)

9月15日

大胆に

わたしのためにののしられ、迫害され、身に覚えのない
ことであらゆる悪口を浴びせられるとき、あなたがたは
幸いである。喜びなさい。大いに喜びなさい。天には大
きな報いがある。

(マタイによる福音書 5 章 11–12 節)

　主よ、わたしたちは、先のことを計画するとき、安全に感
じる範囲に収めようとします。けれども、思い切って信仰の
一歩を踏み出し、その結果をあなたに委ねて初めて、あなた
のご計画を成し遂げることができます。
　今日わたしは祈ります。信仰のうちに歩み、あなたの御旨
を大胆に行う人たちが、喜んであなたに栄光を帰すことがで
きますように、アーメン。

我らがあなたの勝利に喜びの声をあげ
我らの神の御名によって
旗を掲げることができるように。
主が、あなたの求めるところを
すべて実現させてくださるように。

(詩編 20 編 6 節)

9月16日

いやしと幸い

主の力が働いて、イエスは病気をいやしておられた。
（ルカによる福音書5章17節）

　主よ、健康な体を与えてくださり、感謝します。わたしたちは、健康も幸福も当然の権利であるかのように考え、病に襲われると慌ててしまいます。健康も幸福も、あなたから日々与えられるものであることを知り、賛美と誉れをあなたにささげることができますように。
　病で苦しむ人をあなたの愛でいやし、立ち上がらせてください。健やかな人も、健康を与えてくださるあなたに感謝と賛美をささげることができますように。イエスの名によって、アーメン。

　　　困難とは、神の恵みと力と愛が表される場である。
　　　　　　　　　　　　　　── ハドソン・テーラー

9月17日

雲と火をもって

主は雲を広げて覆いとし
火をもって夜を照らされた。
(詩編 105 編 39 節)

　すべての光の父よ、あなたの導きを感謝します。聖なる光を備えて、初めての分野に踏み出すわたしたちを導いてください。
　自分勝手な道を歩み、心も体も渇き切ってしまうときには、あなたの憐れみと恵みで覆ってください。もっとあなたの近くを歩むことができますように。
　雲の柱となって日々導き、わたしたちを害するものからお守りください。暗闇の中でも、あなたの愛の火の柱で導いてください。あなたの導きをいつでもどこでも求めることができますように、アーメン。

　損なわれた世界は、信仰の力によって光のうちによみがえります。

—— ヘレン・ケラー

9月18日

恨み

悪い言葉を一切口にしてはなりません。ただ、聞く人に恵みが与えられるように、その人を造り上げるのに役立つ言葉を、必要に応じて語りなさい。
（エフェソの信徒への手紙4章29節）

　主よ、人を恨むわたしたちを赦してください。苦々しい思いはわたしたちを内側から腐らせ、霊性を弱め、前向きな歩みを妨げます。どうぞわたしたちを傷つけた人を祝福してください。傷ついた過去をわたしたちが速やかに手放すことができますように。

　あなたがしてくださったように、わたしたちも人を赦し、新たな歩みを始めることができるようにしてください。わたしたちが互いによいことを願うことができるよう、心と思いを変えてください。わたしたちも人を傷つけた過去があります。自分も赦されたように、相手を赦すことができますように。わたしたちを苦々しい思いから解き放ってください。アーメン。

　　　　　　　　恨みほど重い荷物はない。

　　　　　　　　　　　　　　　　—— 作者不明

9月19日

ToDoリスト

そして、わたしたちが命じておいたように、落ち着いた生活をし、自分の仕事に励み、自分の手で働くように努めなさい。
(テサロニケの信徒への手紙一 4章11節)

　主よ、わたしの「ToDoリスト」は毎日増えていきます。けれども、何よりも大切なことは、どんなに忙しくてもあなたと共にその日を始めることです。リストに挙げた一つ一つのことが、あなたに栄光を帰すものとなりますように。
　今日、何らかの目標を達成しようとしている人たちのために祈ります。さまつなことで時間がとられ、結局何もできないこともあります。けれども主よ、「人生の目的はリストの仕事をこなすことではなく、御心を求めて歩むこと」と気付くことができますように。わたしが大切に思う人たちのことも、あなたの恵みと憐れみで導いてください。アーメン。

　　　主よ、自分の業績以上のものを求めさせたまえ。
　　　　　　　　　　　　　　　―― ミケランジェロ

9月20日

忍耐と練達

そればかりでなく、苦難をも誇りとします。わたしたちは知っているのです、苦難は忍耐を、忍耐は練達を、練達は希望を生むということを。
（ローマ信徒への手紙5章3-4節）

　主よ、あなたは陶工です。ご自身の目的に沿った役に立つ器へと、わたしたちを作り変えてください。静けさの中でわたしたちに語りかけ、あなたの導きと御旨を示してください。
　わたしの人生に働きかけて、あなたに喜ばれる者へとわたしを変えてください。あなたのご計画に近づくための訓練をわたしが拒むことなく、耐え抜くことができるように助けてください。
　御顔を慕い求めるすべての者があなたを見いだしますように。あなたの光を輝かせることができるよう、わたしたちを形づくってください。アーメン。

「神にあって静まり、神に形づくられよ」とヘブライ語でいうように、主にあって安らぎ、忍耐強く主を待ち望め。
　　　　　　　　　　　　　　—— マルティン・ルター

9月21日

火をともす

どんなに小さな火でも大きい森を燃やしてしまう。
(ヤコブの手紙3章5節)

　父よ、あなたがわたしのうちにともしてくださった小さな愛のともし火を、祝福してください。その輝きをもって、あなたの御業を人に伝え、喜びを分かち合うことができますように。
　わたしのともし火によって家族や友人の心にも火がともり、一人一人が光を放つことができるようにしてください。
　祈りと御言葉への情熱を絶やさずにいられますように。そうすれば、わたしのともし火はますます燃え盛り、あなたの栄光を映すものとなるでしょう。アーメン。

　聖霊に満たされた魂は、神のために燃え立つ。光り輝く愛に生き、燃えるような信仰と焼き尽くすような献身で、神に仕える。

—— サムエル・チャドウィック

9月22日

恵みの味付け

あなたがたは地の塩である。だが、塩に塩気がなくなれば、その塩は何によって塩味が付けられよう。
（マタイによる福音書 5 章 13 節）

　主よ、あなたがわたしの塩となり、人生を価値あるものにしてくださったことを、感謝します。わたしがするすべてのことが、あなたの恵みで味付けられたものとなりますように。「地の塩」としての役割を自覚することができるよう、助けてください。

　指導者や教師のためにも祈ります。その方々があなたの霊に導かれ、信仰に根ざし、人のために働くことができますように。あなたを表す塩気を失うことがないように、わたしたちをあなたの霊で満たしてください。

　あなたの盾でわたしたちを守り、希望を与えてください。わたしたちが忠実に歩み、聖霊によって、あなたの味わいを人に示すことができますように、アーメン。

　　　　あなたの祝福が
　あなたの民の上にありますように。

（詩編 3 編 9 節）

9月23日

信頼

信じる人々の救い主である生ける神に希望を置いている
（テモテの手紙一 4章10節）

　主よ、この世で人を信頼することは、難しいものです。人を当てにし、信頼しても、人はその期待に応えず、信頼関係は崩れてしまいます。愛する人たちを信じ、助けようとしますが、思いもよらない形で裏切られ、悲しむことがあります。
　主よ、わたしたちがどのような経験をしても、あなたの慈しみと真実は変わりません。わたしたちは希望をあなたに置きます。どんなに理解し難い状況にあっても、あなたを信頼します。アーメン。

信実は、ただ神の御許にのみあり、信仰とは、この神に固着することを許される信頼であり、神の約束と教示に固着することを許される信頼である。神に固着するということは、神は私のためにいますのだということに頼り、この確かさの中に生きるということである。

—— カール・バルト（井上良雄・訳）

9月24日

実を結ぶこと

霊の結ぶ実は愛であり、喜び、平和、寛容、親切、善意、誠実、柔和、節制です。
（ガラテヤの信徒への手紙5章22-23節）

　主よ、この収穫の季節に、あなたの霊の実を結び、御名に栄光を帰す者になりたいと切に願います。わたしが人の必要を知り、人を助け、また敬うことができるよう、わたしを成長させてください。寛容と節制の実を結ぶことで、わたしの働きが人に喜ばれ、あなたの光を与えるものとなりますように。
　誠実と喜びにおいて成長したいと願うすべての人たちと、どうぞ共にいてください。自分の持てるものを人のために惜しみなく与える人を、祝福してください。わたしたちが霊の実を結び、あなたの尽きない慈しみを人に表すことができますように、アーメン。

　　　　実り豊かな枝が低く垂れるように
　　　　実り豊かなキリスト者は謙遜である。

　　　　　　　　　　　　　　——作者不明

9月25日

友を感謝

どのようなときにも、友を愛すれば
苦難のときの兄弟が生まれる。
（箴言 17 章 17 節）

　主よ、真の友はすばらしい贈り物です。わたしたちの歩みを励まし、心配事に耳を傾け、慰め、できたことを褒めてくれる友を、感謝します。わたしたちを無理やり変えようとしないで、あるがままで受け入れてくれる友を、ありがとうございます。
　友人たち一人一人を祝福してください。事故やけがから守り、健康を与え、必要を満たしてくださるように祈ります。今日、友人たちが何かを必要としているならば、近くにいて助けてください。わたしに与えられている友のゆえに、感謝と賛美をあなたにささげます。アーメン。

　友のない人生は荒野だ。友情は祝福を倍に、不幸を半分にする。友情は逆境の苦しみを癒やし、魂を慰める。
　　　　　　　　　　　　　—— バルタサル・グラシアン

9月26日

愚かなわたしを

互いに忍び合い、責めるべきことがあっても、赦し合いなさい。

(コロサイの信徒への手紙 3 章 13 節)

　主よ、後で悔やむような愚かなことをしてしまうとき、自分自身に戸惑います。けれども、何度わたしが道から外れても、あなたは必ず元の道に引き戻してくださいます。わたしの悪い態度や重い罪にも忍耐してくださいますから、ありがとうございます。わたしがいらいらしたり筋の通らないことを言ったりしても、赦してくれる人たちが与えられていることにも、感謝します。

　愚かなことをやめたいと願うわたしたちを祝福し、知恵を与えてください。わたしたちが御顔を仰ぎ、御言葉と導きを求めることができますように。わたしたちの心を変えてください。アーメン。

　　恵み深き主よ　愛の神よ
　　おろかなる者に　力を与えて
　　主の み旨を　なさせたまえ
　　——ジョン・グリーンリーフ・ホイッティア

9月27日

祈りは聞かれる

主を尋ね求めよ、見いだしうるときに。
呼び求めよ、近くにいますうちに。
（イザヤ書 55 章 6 節）

　主よ、祈りが聞かれること、そして、時間を取って祈る必要があることを、わたしは知っています。世の雑音を遠ざけて静まれば、御声を聞くことができます。御名を呼び求めるとき、あなたは必ず助けてくださいます。

　父よ、わたしが呼べばいつも答えてくださり、夜となく昼となく、隣を歩いてくださることを感謝します。どうぞわたしを真理に導いてください。心をよぎる愚かな考えを捨てることができますように。絶えずあなたを仰ぎ、あなたの光に向かって歩む者としてください。アーメン。

わたしは主を愛する。
主は嘆き祈る声を聞き
わたしに耳を傾けてくださる。
生涯、わたしは主を呼ぼう。

（詩編 116 編 1-2 節）

9月28日

偶然か摂理か

太陽の下、再びわたしは見た。
足の速い者が競走に、強い者が戦いに
必ずしも勝つとは言えない。
(コヘレトの言葉 9 章 11 節)

　父よ、わたしの人生は偶然の上に成り立っているのではありません。あなたはわたしたちに起こる一切をご存じで、見守っておられます。
　すべてのことにあなたが働いてください。「起こることに偶然はなく、何もかもがあなたのご介入のゆえ」と分からせてください。あなたに信頼して新しいことに挑むことができますように。すべての結果が、あなたのご計画のうちに導かれたものでありますように、アーメン。

偶然や成り行きで起こることなど何一つなく、キリストがすべてを支配しておられることを、わたしは喜ぶ。
　　　　　　　　　　── チャールズ・H・スポルジョン

9月29日

真の動機

人の心は何にもまして、とらえ難く病んでいる。
誰がそれを知りえようか。
心を探り、そのはらわたを究めるのは
主なるわたしである。
(エレミヤ書 17 章 9-10 節)

　主よ、あなたがわたしのことをよくご存じでいてくださることを、感謝します。わたしの心を探り、よいところを見つけようとしてくださることも、ありがとうございます。わたしも、周りの人に希望と光を与えることができますように。
　あなたの御声と導きを求めるすべての人を祝福し、よい働きができるように助けてください。清い心であなたに仕えたいと望む魂を、どうぞ励ましてください。アーメン。

わたしという存在は一人だけだが、わたしは確かにここにいる。わたしは何でもできるわけではないが、何かはできる。何でもできるわけではないからこそ、できることは拒むまい。
　　　　　　——エドワード・エヴェレット・ヘイル

9月30日

口先だけではなく
心の底から祈ることができるように
わたしを助けてください。

マルティン・ルター

10 月

冒険心

昔から、ほかに聞いた者も耳にした者も
目に見た者もありません。
喜んで正しいことを行い
あなたの道に従って、あなたを心に留める者を
あなたは迎えてくださいます。
（イザヤ書 64 章 3–4 節）

　人生は、あなたと共に挑む冒険です。あなたの臨在のうちに歩み、与えられた働きをすることほど大きな喜びは、この地上にはありません。

　父なる神よ、今日わたしは、新しい道を探し求める人、誰も行ったことのないところに道を開く人のために祈ります。

　わたしも勇気を持って旅立ち、人をあなたへ導く道を切り開くことができますように。主イエスの御名によって、アーメン。

すでに敷いてある道を進むより、道なきところに自らの道筋をつけて進め。

—— ラルフ・ワルド・エマーソン

10月1日

特別に選ばれる

「わたしはあなたをわたしの印章とする。
　わたしがあなたを選んだからだ」と
　万軍の主は言われる。
（ハガイ書 2 章 23 節）

　主よ、わたしがあなたを選び、愛する前に、あなたはわたしを選び、愛してくださいました。そして、わたしたち一人一人を、掛けがえのない、特別な存在として見てくださっています。心から感謝します。
　その優しさのゆえに、あなたをほめたたえます。あなたは、わたしが完全になることをただ待っているのではなく、わたしと共に歩み、教え導いてくださる方です。わたしを特別に扱ってくださることを、ありがとうございます。アーメン。

　　　　主は御自分の民を喜び
　　　貧しい人を救いの輝きで装われる。
　　主の慈しみに生きる人は栄光に輝き、喜び勇み
　　　伏していても喜びの声をあげる。

（詩編 149 編 4-5 節）

10月2日

大いなる方

しかし、言は、自分を受け入れた人、その名を信じる人々には神の子となる資格を与えた。

（ヨハネによる福音書1章12節）

　すべてのものの父なる神、世界の創造主なる方よ、あなたを言葉で言い尽くすことはできません。あなたはすべてのすべてです。あなたは尽きない愛と真実で、わたしたちを引き寄せてくださいます。導きを求めれば教え、つまずけば背負い、人に言えないようなことをしても赦してくださいます。

　主よ、あなたは、わたしたちの理解をはるかに超えた方です。それにもかかわらず、あなたを探し求めれば、たちまち見つけることができます。

　あなたの祝福を覚え、御前にへりくだります。主よ、あなたの子どもたちを聖なる御手と霊で祝福し、見守ってください。アーメン。

　　　わたしたちの主は大いなる方、御力は強く
　　　　英知の御業は数知れない。
　　　　主は貧しい人々を励まし
　　　　逆らう者を地に倒される。

（詩編147編5-6節）

立ち上がれ！

だから、立っていると思う者は、倒れないように気をつけるがよい。
　　　　（コリントの信徒への手紙一 10 章 12 節）

　主よ、わたしは絶えることなく祈る必要があります。あなたに喜ばれない生活にたやすく陥ってしまうからです。
　世は邪悪なわなと誘惑に満ちており、わたしたちは幾度となくそこに落ちてしまいます。再びあなたの道を歩むことができるよう、どうぞ助けてください。あなたをないがしろにして誤った方向に進んだことを、どうぞ赦してください。
　今日、あなたに立ち帰ることを願うわたしたちと共にいてください。再び立ち上がり、あなたの道を歩み直すことができますように。あなたの愛する御子のゆえに、わたしたちに助けの手を差し伸べてください。アーメン。

　　　それゆえ、金にまさり純金にまさって
　　　　わたしはあなたの戒めを愛します。
　　　それゆえ、あなたの命令のすべてに従って
　　　　わたしはまっすぐに歩み
　　　偽りの道をことごとく憎みます。
　　　　　　　　　（詩編 119 編 127-128 節）

10月4日

新しい一歩

このようにわたしが言うのは、あなたがたのためを思ってのことで、決してあなたがたを束縛するためではなく、品位のある生活をさせて、ひたすら主に仕えさせるためなのです。

(コリントの信徒への手紙一 7 章 35 節)

　主よ、わたしにとってのコンフォートゾーンでぬくぬくと働くより、少しだけ居心地の悪いほうが、あなたのためによい仕事ができます。まだ知らない場にも、思い切って踏み出すことができますように。
　同時に、いつもの環境にさえも新しい機会があることを信じます。どんな場合でもあなたに仕え、新しい可能性を見いだせるように助けてください。
　新しい一歩を踏み出せるようわたしを導き、変化への恐れを乗り越えることができるように、どうぞ助けてください。あなたはいつでもわたしの先を行き、道を備えてくださることを、感謝します。アーメン。

　　　広々としたところを行き来させてください。
　　　　　あなたの命令を尋ね求めています。

(詩編 119 編 45 節)

10月5日

光を見いだす

お前たちのうちにいるであろうか…
主の御名に信頼し、その神を支えとする者が。…
行け、自分の火の光に頼って
自分で燃やす松明によって。
（イザヤ書 50 章 10-11 節）

　光の父よ、わたしたちを闇から引き上げ、わたしたちの歩みにあなたの光を当ててください。
　特に、まだ闇の中にいる人たち、霊的な眠りの中にいる人たちのために祈ります。あなたの臨在でその人たちの人生を照らしてください。皆が御手の働きを見ることができますように。主よ、皆を目覚めさせ、心と思いと魂とで、あなたを仰ぎ見ることができるようにしてください。
　暗闇の中でつまずいても、御声を聞いて、あなたの愛に立ち帰れるようにしてください。アーメン。

　　　わたしの目の覆いを払ってください
　　　　　あなたの律法の驚くべき力に
　　　　　わたしは目を注ぎます。

（詩編 119 編 18 節）

10月6日

心を強くせよ

> わが神、主よ
> あなたは命を
> 滅びの穴から引き上げてくださった。
> （ヨナ書 2 章 7 節）

　父なる神よ、あなたは日々、希望と可能性を与えてくださいます。成功のためではなく、善なることのために戦い続ける意志を与えてください。たとえ失敗しても、もう一度やり直すよう励ましてくださるあなたに、感謝します。

　わたしたちがこの世でさまざまなことを学び、成長していくとき、あなたは共にいてくださいます。ありがとうございます。時にあなたは、はっきり分かる形で勝利を与えてくださいます。一方、真っ暗で御顔が見えないと感じるときもあります。

　今日、心をあなたに向けるわたしたちと共にいてください。わたしたちを祝福し、あなたにある勝利を与えてください。アーメン。

> 雄々しくあれ、心を強くせよ
> 主を待ち望む人はすべて。
>
> （詩編 31 編 25 節）

10月7日

蛇と奇跡

主はモーセに言われた。「あなたは炎の蛇を造り、旗竿の先に掲げよ。蛇にかまれた者がそれを見上げれば、命を得る。」

（民数記 21 章 8 節）

　主よ、テクノロジーが発達し、昔は治らなかった病気も治るこの時代には、あなたがなさる奇跡がつい見えなくなります。あなたの導きなしには医学も科学も進歩しないことを、忘れてしまうのです。

　イスラエルの民は青銅の蛇を見上げるだけで癒やされました。主にあって不可能はありません。御手の働きを目の当たりにする機会が与えられていることを、ありがとうございます。

　小さなことにおいてもあなたを信頼することができますように。あなたは、わたしたちに癒やしが必要な時も、岩から水を出させる時がいつかも、知っておられる方です。アーメン。

　　　　　わたしと共に主をたたえよ。
　　　　　ひとつになって御名をあがめよう。

（詩編 34 編 4 節）

10月8日

遣わしてください

そのとき、わたしは主の御声を聞いた。「誰を遣わすべきか。誰が我々に代わって行くだろうか。」わたしは言った。「わたしがここにおります。わたしを遣わしてください。」
(イザヤ書6章8節)

　主よ、あなたに仕えることはわたしの誉れです。あなたがご自身の働きにわたしを召されるときに、いつでも備えていることができますように。従う心をもって「わたしを遣わしてください」と答えることができるよう、わたしを整えてください。

　あなたの光を輝かせる機会を与えてくださったことに感謝し、御前にへりくだります。あなたのために力強く立ち、御言葉を伝える召しに忠実であることができますように。あなたの名によって語り、あなたの光を放つすべての人を、どうぞ祝福してください。アーメン。

主をたたえよ。
主は驚くべき慈しみの御業を…
示してくださいました。

(詩編 31 編 22 節)

10月9日

家族の一員

> だれでも、わたしの天の父の御心を行う人が、わたしの兄弟、姉妹、また母である。
> （マタイによる福音書 12 章 50 節）

　主よ、あなたはわたしたちの父、わたしたちはあなたの家族です。一人に何かが起これば、誰もが影響を受けます。わたしたちはキリストの体の一部であり、互いに助け合いながら成長し、強くなります。

　それなのにわたしたちは、自分とは考え方や生き方が違う人、異なった信仰を持っている人に対し、意地の悪い思いを抱いてしまいます。かたくななわたしたちを赦してください。どのような人の中にもあなたの存在を感じることができますように。誰かを仲間外れにすることなく、互いを受け入れ合うことができるよう助けてください。

　お互いにとって、寛大で親切なきょうだい、優しい親、祝福される家族の一員となれるように、わたしたちを導いてください。アーメン。

> 地上の父親や母親、夫や妻、子ども、仲間は、いずれも影にすぎない。神を喜ぶことこそが、実体なのだ。
> 　　　　　　　　　　—— ジョナサン・エドワーズ

10月10日

二つの原則

イエスは言われた。「『心を尽くし、精神を尽くし、思いを尽くして、あなたの神である主を愛しなさい。』…『隣人を自分のように愛しなさい。』…」
（マタイによる福音書 22 章 37、39 節）

　主よ、よく生きるために最も大切な二つの原則は、「主を愛する」「隣人を愛する」ということです。この二つの原則を、わたしたちはほかの無数の規則の中に埋もれさせ、自分勝手に解釈し、その意味を不明瞭なものにしてしまいました。
　主よ、今日、二つの原則の意味をはっきりとつかむことができるように、導いてください。神と人を心から愛することを教えてください。二つの原則をもっと感謝し、尊ぶことができるよう、わたしたちを祝福してください。アーメン。

　　　　　主の律法は完全で、魂を生き返らせ
　　　　　主の定めは真実で、無知な人に知恵を与える。
（詩編 19 編 8 節）

10 月 11 日

御手の業

> これこそ、全世界に対して定められた計画
> すべての国に伸ばされた御手の業である。
> 　　　　　　（イザヤ書14章26節）

　宇宙の神であり、すべてのものの創造主であられる主よ、あなたはいったいどのような方でしょうか。この地上にみどりごとして来られ、わたしのような者のために命を捨てたあなたの愛を理解することは、わたしにはできません。星々を造り、山々を造り、人間を地のちりから造る力は、わたしの想像の域を超えています。

　けれども主よ、わたしの想像力は限られていても、わたしの心にはあなたの光があり、魂にはからし種のような信仰があります。すべてのよいことの源であるあなたと、いつでもつながっていることがわたしの望みです。あなたからの愛を受けて生きていくことができるように、わたしを助けてください。アーメン。

> 我らの神、主をあがめよ。
> その聖なる山に向かってひれ伏せ。
> 我らの神、主は聖なる方。
> 　　　　　　（詩編99編9節）

10月12日

与える者として

求める者には与えなさい。あなたから借りようとする者に、背を向けてはならない。
(マタイによる福音書5章42節)

　主よ、生きていく中で傷つき、ホームレスになった人たちのために、今日、祈ります。その人たちがどのような状況にあっても、あなたご自身が近づいて、助け手を送ってください。
　貧しく、苦しんでいる人は世界中で時を追うごとに増え、その数は膨れ上がっています。その必要のために何ができるのかを知る知恵を、わたしたちに与えてください。
　わたしの持てるものすべてをあなたにささげます。それを人のために賢く用いることができるように、どうぞ祝福してください。アーメン。

　　　憐れみ深く、貸し与える人は良い人。
　　　裁きのとき、彼の言葉は支えられる。
(詩編112編5節)

10月13日

幼子のように

天地の主である父よ、あなたをほめたたえます。これらのことを知恵ある者や賢い者には隠して、幼子のような者にお示しになりました。
　　　　　(マタイによる福音書 11 章 25 節)

　父よ、あなたを信じる道を、あなたは備えてくださいました。疑うことなくあなたを受け入れる子どものような信仰を与えてくださり、感謝します。心を尽くしてあなたを探し求めることができるように、わたしたちを助けてください。
　あなたの導きを求めるすべての人のために祈ります。あなたを求める者の上に聖霊を注いでください。わたしたちが成長し、学び、御心とご計画に従って豊かな実を結ぶことができますように。
　信仰を失っても赦し、あなたからの知恵を求めさせてください。わたしたちの罪にもかかわらず、あなたが愛してくださることを感謝します。アーメン。

　　　主は倒れようとする人をひとりひとり支え
　　うずくまっている人を起こしてくださいます。
　　　　　　　　　　　　　　(詩編 145 編 14 節)

10月14日

御旨を行う

 "霊"の火を消してはいけません。預言を軽んじてはいけません。すべてを吟味して、良いものを大事にしなさい。あらゆる悪いものから遠ざかりなさい。
　　　　（テサロニケの信徒への手紙一 5 章 19-22 節）

　主よ、御座の前に出なくても、自分の人生には自分で対処できると思っていました。愚かなわたしを赦してください。あなたに立ち帰って御心を知り、あなたに栄光を帰すことができますように。
　あなたの憐れみを待ち望むすべての人たちを祝福してください。良いものをしっかりと握って離さず、この世の誘惑に負けないように、わたしたちを助けてください。あなたに仕えないこと、また、あなたが与えてくださる平安を乱すものから、離れることができますように、アーメン。

　　　　　御旨を行うすべを教えてください。
　　　　　　あなたはわたしの神。
　　　　　恵み深いあなたの霊によって
　　　　　安らかな地に導いてください。

　　　　　　　　　　　　　　（詩編 143 編 10 節）

10月15日

再臨の備え

心よ、主はお前に言われる
「わたしの顔を尋ね求めよ」と。
主よ、わたしは御顔を尋ね求めます。
（詩編 27 編 8 節）

　主よ、あなたは再臨に備えなさいと言われました。あなたが帰って来られる前にあなたを救い主として受け入れるための時間は、十分に与えられています。来たるべき日に備える願いを、わたしたちに与えてください。
　喜んであなたの愛を語り、あなたの愛の中に多くの人を導き入れることができますように。聞く耳を持とうとしない人たちが今日御声を聞くことができるように、憐れみと恵みを注いでください。アーメン。

箱舟の戸が開いている間に、今日、いま一度あなたは呼びかけられている。箱舟を造る金づちやおのの音が聞こえるだろう。洪水は近づいている。

―― ジョナサン・エドワーズ

10月16日

思い煩い

わたしは、平和をあなたがたに残し、わたしの平和を与える。わたしはこれを、世が与えるように与えるのではない。心を騒がせるな。おびえるな。
（ヨハネによる福音書 14 章 27 節）

　主よ、恐れや思い煩いを乗り越えて、目を天に向けることができるように、わたしたちを助けてください。何が起ころうとも、あなたに信頼することができますように。あなたの平安をわたしのうちに保ち、日々その平和の賜物を味わうことができるように、支えてください。
　世界には多くの問題があり、悪魔は、うそや誘惑を用いてわたしたちを脅かします。問題を抱えて悩む人のために、主イエスの名によって祈ります。あなたの約束に立つ者は、あなたの愛とまことのゆえに、自由にされます。わたしたちを思い煩いから解き放ち、優しく支えてください。アーメン。

悩む心を解き放ち
痛みからわたしを引き出してください。

（詩編 25 編 17 節）

10月17日

大切な課題

> 主がその僕モーセに命じられたとおり、モーセはヨシュアに命じ、ヨシュアはそのとおりにした。
> （ヨシュア記 11 章 15 節）

　主よ、わたしたちは、職場や家庭で、人間関係において、数多くの課題を抱えています。けれども忘れがちなのは、あなたからの課題を知ることです。
　わたしたちの人生にあなたが望んでおられることを、見極めさせてください。求められていることが見えるようにわたしの目を開き、ご計画を実行できるように助けてください。
　御心を脇に置き、身勝手な生き方をしたときには、どうぞ赦してください。あなたを喜ばせることに勝る喜びはありません。わたしたちが御心を知って成長できるよう、どうぞ助けてください。アーメン。

> 　その契約と定めを守る人にとって
> 　主の道はすべて、慈しみとまこと。
>
> 　　　　　　　　　　　　　（詩編 25 編 10 節）

10月18日

正しいことを

神は、善人と認めた人に知恵と知識と楽しみを与えられる。

(コヘレトの言葉 2 章 26 節)

　主よ、あなたはわたしたちの心に善悪の基準を与えてくださいました。わたしたちがそれに従うならば、平安のうちに満ち足りて生きることができるでしょう。
　何が正しいことかを知ることは、簡単ではありません。難しい決断をしなければならないとき、また、進むべき方向を決めるとき、あなたを信頼します。
　主よ、この地上で正義をなそうと努める人たちのために祈ります。広い心で人を愛し、御声に耳を傾けることができますように。わたしたちが生きた信仰を持ち、あなたが喜ぶことを行うことができるように、助けてください。アーメン。

信仰とは、生きていて、活気があり、活動的で、力あるものだ。信仰には、わたしたちのためにならないでいることなどできない。

——マルティン・ルター

10月19日

一部だけでも

わたしたちは、今は、鏡におぼろに映ったものを見ている。だがそのときには、顔と顔とを合わせて見ることになる。わたしは、今は一部しか知らなくとも、そのときには、はっきり知られているようにはっきり知ることになる。
　　　　（コリントの信徒への手紙一 13章12節）

　主よ、この世は不条理です。犯罪者は解放されるのに、被害者の声は無視されます。家族は崩壊し、子どもたちは傷ついています。あなたを信じる者はあざ笑われ、憐れみのない者が力を持っています。全く理不尽です。
　けれども、わたしたちに見えているのは全体のごく一部です。あなたのように、何もかもを見通せる場所から物事を見ることはできません。
　父よ、わたしたちを教え導き、あなたが知らせようとしていることを知ることができるように、知恵と力を与えてください。アーメン。

　　　あなたの律法を理解させ、保たせてください。
　　　わたしは心を尽くしてそれを守ります。
　　　　　　　　　　　　　　（詩編 119編 34節）

10月20日

悲しみのとき

これを聞いて、わたしは座り込んで泣き、幾日も嘆き、
食を断ち、天にいます神に祈りをささげた。
(ネヘミヤ記1章4節)

　主よ、社会は悲しみに満ちています。悩みを抱え、途方に暮れている多くの家族があります。愛する者に先立たれ、職を失い、親しい友や伴侶に去られることもあります。
　今悲しみのうちにある多くの人たちのために、あなたの助けを祈ります。子どもたちを守ってください。心の傷を癒やしてください。大切なものを失った人たちを、憐れんでください。希望と導きを求めて、わたしたちはあなたを見上げます。アーメン。

　　　打ち砕かれた心の人々を癒し
　　　　その傷を包んでくださる。

(詩編147編3節)

10月21日

良い便り

渇いた喉に冷たい水、遠い地からの良い便り。
(箴言 25 章 25 節)

　主よ、「あなたが愛してくださっている」という良い便り、あなたの福音を、ありがとうございます。
　あなたの恵みと憐れみのすばらしさを、わたしたちが完全に把握することはできません。あなたなしでは自分が失われた者であることも、なかなか理解できません。この世はつらいことが多く、悪者ばかりが勝利しているように見えます。
　けれども、外界の雑音に心乱されることなく、あなたの良い便りを切に求めさせてください。大切なことを見逃さないでいることができますように、アーメン。

　　　　　　　　　ハレルヤ。
　わたしたちの神をほめ歌うのはいかに喜ばしく
　　　神への賛美はいかに美しく快いことか。
　　　　　　　　　　　　　　　(詩編 147 編 1 節)

10月22日

誘惑

誘惑に陥らぬよう、目を覚まして祈っていなさい。心は燃えても、肉体は弱い。
(マタイによる福音書 26 章 41 節)

　父よ、あなたは、「誘惑に陥らぬよう、目を覚まして祈っていなさい」と教えてくださいました。誘惑は突然わたしたちの生活の中に入ってくるものです。ちょうど、ダイエット中に流れるおいしそうな食べ物のコマーシャルのように。
　わたしたちを助けてください。命を縮め、幸せな人生を台なしにする依存症と闘う人たちを、助けてください。誘惑に打ち勝つためにあなたの助けを求めるすべての人たちのために祈ります。わたしたちを誘惑に遭わせず、悪い者から救ってください。アーメン。

　　知らずに犯した過ち、隠れた罪から
　　どうかわたしを清めてください。
　　あなたの僕を驕りから引き離し
　　支配されないようにしてください。

(詩編 19 編 13-14 節)

静けさのうちに

その計画とは、あなたがたの内におられるキリスト、栄光の希望です。
(コロサイの信徒への手紙1章27節)

　主よ、今日、静けさのうちにあなたを見いだすことができますように。わたしたちの心と思いを静め、すべてのことにあなたご自身を見ることができるようにしてください。あなたをよく知ることができるように、あなたに向かって心の扉を広く開きます。
　いつもすぐ近くにいてくださることを感謝します。あなたを心から知り、人生のただ中にあなたを見いだしたいのです。あなたこそが、確かな方です。
　静けさのうちにあなたを呼び求め、いつでもあなたを見上げる。ただそれだけが、わたしたちの願いです。アーメン。

　　　　　力を捨てよ、知れ
　　　　　　わたしは神。
　　　国々にあがめられ、この地であがめられる。
　　　　　　　　　　　　　　　　(詩編 46 編 11 節)

10月24日

安らかな住まい

あなたの目はエルサレムを見る。
それは安らかな住まい
移されることのない天幕。
（イザヤ書 33 章 20 節）

　父よ、その日暮らしで、明日の保証もなく生きている人が多くいます。安全な住まいもなく、家計は破綻し、家族はいがみ合っています。わたしたちが安心して休み、慰めと励ましを得ることができるのは、あなたのところ以外にありません。
　あなたを見上げるわたしたちを、どうぞ祝福してください。不安のうちにある人たちを祝福し、あなたにある平安と希望を見いだすことができるようにしてください。アーメン。

わたしの手は彼を固く支え
わたしの腕は彼に勇気を与えるであろう。
（詩編 89 編 22 節）

10月25日

良心に従って

　わたしは今日に至るまで、あくまでも良心に従って神の前で生きてきました。
　　　　　　　（使徒言行録 23 章 1 節）

　主よ、あなたは物事の正否や善悪の見分け方を教えてくださいました。わたしたちの良心を聖霊によって清め、導いてください。
　主よ、祈ります。指導的立場にいる人や権力ある人の耳に、御声を響かせてください。子どもたちを教え導く教師や親の信仰が強められ、導き手として良心を保つことができるよう助けてください。
　良心に従おうとするわたしたちが、「あなたの真理と霊こそが導き手」ということを知ることができますように、アーメン。

　　　いと高き神のもとに身を寄せて隠れ
　　　　　全能の神の陰に宿る人よ
　　　　　　　　　　　　　　　　（詩編 91 編 1 節）

10月26日

自由への告白

自分の罪を公に言い表すなら、神は真実で正しい方ですから、罪を赦し、あらゆる不義からわたしたちを清めてくださいます。

(ヨハネの手紙一 1 章 9 節)

　主よ、わたしたちは、愚かなことと分かっていてもそれを選び、罪と知りながらそれを行い、正しいことをする時間を惜しみます。このような恥ずべきこともあなたに告白する道を備えてくださり、感謝します。

　真理はわたしたちを自由にします。あなたが赦してくださることを信じて、罪をあなたに告白します。今度こそ罪に勝利できるよう、助けてください。

　自分ではこの罪を拭い去ることはできません。ですから、悔いる心で御前に出ます。わたしたちを自由にしてください。主イエスの名によって祈ります。アーメン。

　　　　　正しい裁きは再び確立し
　　　心のまっすぐな人は皆、それに従うでしょう。

(詩編 94 編 15 節)

10月27日

知恵ある心を

生涯の日を正しく数えるように教えてください。
知恵ある心を得ることができますように。
（詩編 90 編 12 節）

　主よ、わたしたちはつい、自分のしたことで得意になってしまいます。あなたが与えてくださった賜物のおかげでできたことでも、鼻高々になります。
　わたしたちは知恵の足りない者です。何をするにもあなたの道に従い、知恵ある者として歩むことができるよう、助けてください。あなたのご性質とご計画を深く知れば、賢明な人生の選択ができるでしょう。あなたの恵みの座の前にひれ伏します。わたしをあなたの霊で満たし、知恵ある者としてください。アーメン。

我々は蛇の知恵によって誘惑され、神の愚かさによって自由にされる。

―― アウグスティヌス

10月28日

耐え忍ぶ

忍耐は力の強さにまさる。
自制の力は町を占領するにまさる。
(箴言 16 章 32 節)

　主よ、忍耐することは簡単ではありません。忍耐すればするほど、耐えるべきことがますます増えるような気がします。自分勝手な解決法を慌てて求めることがないように、わたしたちを助けてください。

　待つことができず、一時の感情に駆られて性急に動くと、平安と喜びを失ってしまいます。「待てない」というだけの理由で、自分でなんとか切り抜けようとする過ちを、どうぞ赦してください。問題のさなかにあっても耐え忍び、あなたを信頼することができますように、アーメン。

主を待ち望め
雄々しくあれ、心を強くせよ。
主を待ち望め。

(詩編 27 編 14 節)

10月29日

互いのための賜物

　奉仕の賜物を受けていれば、奉仕に専念しなさい。また、教える人は教えに、勧める人は勧めに精を出しなさい。施しをする人は惜しまず施し、指導する人は熱心に指導し、慈善を行う人は快く行いなさい。
　　　　　（ローマの信徒への手紙 12 章 7-8 節）

　主よ、あなたは豊かに与えてくださる方です。「互いに与え合うように」とわたしたちに賜物を与え、人生のさまざまな場面で助け合えるようにしてくださいました。与えられた賜物を、出し惜しみせず、喜んで分かち合うことができますように。
　賜物を知恵深く用いる人たちを祝福し、励ましてください。あなたからの賜物を賢く用いる方法を見つけることができますように、アーメン。

　　神が受け入れるのに小さすぎることは一つもありません。
　　　　　　　　　　　　　　── アビラの聖テレサ

10月30日

収穫の時期

地の続くかぎり、種蒔きも刈り入れも
寒さも暑さも、夏も冬も
昼も夜も、やむことはない。
（創世記8章22節）

　主よ、わたしたちはこの収穫の季節を祝っています。収穫の主であるあなたは、わたしたちの作物に恵みの水を豊かに与え、大きく育ててくださいました。
　主よ、わたしたちが自分の労働の実りを人と分かち合うことができるように、助けてください。また、福音の種をまいて御言葉の水を豊かに注ぎ、わたしたちを成長させてくれる人たちを、どうぞ強めてください。
　希望の種をまく世界中の人々を祝福してください。皆があなたの恵みを求め、その働きの報いを待ち望んでいます。アーメン。

いかに幸いなことか
主を畏れ、主の道に歩む人よ。
あなたの手が労して得たものはすべて
あなたの食べ物となる。
（詩編128編1-2節）

10月31日

神よ、
変えられないことを受け入れる静かな心と
変えるべきことを変える勇気と
二つのものを区別できる知恵を与えたまえ。

ラインホルド・ニーバー

11 月

新しい視点で

知恵ある人に与えれば、彼は知恵を増す。
神に従う人に知恵を与えれば、彼は説得力を増す。
（箴言9章9節）

　主よ、新しい考え方を理解したり、新しい環境に慣れたりするには、時間がかかります。けれども、新しいことに挑戦すれば、多くを学ぶことができます。自分の限界を克服しようとするときに、本当の学びがあります。同じことをただ繰り返すのではなく、新たな視点で生活のすべてを見直すことができますように。
　真理を求め、チャレンジし、新しいことを学ぼうとするわたしたちを、どうぞ助けてください。アーメン。

すでに知っていることが、新しいことを学ぶ妨げになる。
　　　　　　　　　　　　　　——クロード・ベルナール

11月1日

光を選ぶ

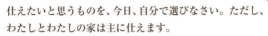

仕えたいと思うものを、今日、自分で選びなさい。ただし、わたしとわたしの家は主に仕えます。

(ヨシュア記24章15節)

　父よ、わたしは日々、一刻ごとに、「あなたに仕えるのか自分に仕えるのか」を選んでいます。自分に仕える選択には、喜びも満足感もありません。

　わたしの生活のすべての領域にあなたの光を照らしてください。暗闇に入り込むことなく、光のうちにあなたと共に歩むことができますように。闇はあらゆるところで待ち伏せ、わたしたちを間違った方向に進ませ、わたしたちの存在を脅かします。

　あなたの道を教えてください。そして、その道を人にも示すことができるように、わたしたちを成長させてください。アーメン。

　問題の核心は明らかだ。誰もが、光と闇のいずれかを選ばなければならない。

——G・K・チェスタトン

11月2日

人生の教訓

盗人が来るのは、盗んだり、屠ったり、滅ぼしたりするためにほかならない。わたしが来たのは、羊が命を受けるため、しかも豊かに受けるためである。
(ヨハネによる福音書 10 章 10 節)

　主よ、罪人であるわたしたちは、与えられている時間を上手に管理することができません。家庭生活も管理できず、「子どもと遊んだり、本を読んであげたりする時間はいつでもある」と思っています。けれども、泥棒は夜に忍び込み、わたしたちの大切な時間を奪っていきます。
　わたしたちの人生の目的を理解し、すべてにおいてあなたをたたえることができますように。人生の教訓を学び、学んだことを賢く用いることができますように。もっと人を愛することを学ばせてください。アーメン。

　　人の生涯は草のよう。野の花のように咲く。
　　風がその上に吹けば、消えうせ
　　生えていた所を知る者もなくなる。
(詩編 103 編 15-16 節)

11月3日

信仰の生涯

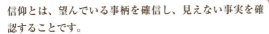

　信仰とは、望んでいる事柄を確信し、見えない事実を確認することです。
　　　　　　（ヘブライ人への手紙 11 章 1 節）

　主よ、信仰の生涯を貫こうとしている人たちを祝福してください。わたしたちを祝福し、心に平安を与え、世のことで悩むことがないようにしてください。あなたに信頼すれば物事は大きく変わるということを、理解させてください。
　目で見たこと、耳で聞いたこと、あらゆる心配事を超えて、あなたに信頼することができますように。岩なる主イエスに立って、真実な信仰の生涯を歩むことができますように、アーメン。

　　　　　　天が地を超えて高いように
　　　　慈しみは主を畏れる人を超えて大きい。
　　　　　　　　　　　　　　　（詩編 103 編 11 節）

11 月 4 日

希望と愛

わたしは主に望みをおき
わたしの魂は望みをおき
御言葉を待ち望みます。
（詩編130編5節）

　主よ、信仰において成長させてください。わたしが御顔を求め、あなたが教えようとしていることをよく理解できるように、どうぞ助けてください。
　周りの人たちに影響を与えるような信仰の人とならせてください。わたしの言うこと、すること、決めることを通して、あなたの愛を人に表すことができますように。希望と愛において成長できるように、今日あなたに祈り求めます。
　正しいことにわたしの望みを置き、それを御手に委ねることができますように、アーメン。

　希望のない愛はなく、愛のない希望もない。信仰なくしては、希望も愛もない。

―― アウグスティヌス

11月5日

苦しみを通して

清い人には、すべてが清いのです。だが、汚れている者、
信じない者には、何一つ清いものはなく、その知性も良
心も汚れています。

(テトスへの手紙 1 章 15 節)

　主よ、今日もまた、理由もなく子どもが殺される事件があ
りました。狂気の沙汰です。遠くで起こった事件でも、悲し
みと苦しみは心に長く残ります。
　このような悲劇を防ぐことができるよう、わたしたちを助
けてください。惨事を目撃し、心に傷を負った幼い子どもた
ちを、どうか慰めてください。事件に巻き込まれた人たちを
顧み、悲しみを乗り越えることができるように助けてくださ
い。アーメン。

聖霊は、我々の苦しみを取り除くことによってではなく、苦
しみを通して、我々を今日、神へと導く。

—— ダニエル・ウォーレス

11月6日

報いがある

あなたたちは勇気を出しなさい。落胆してはならない。
あなたたちの行いには、必ず報いがある。
（歴代誌下 15 章 7 節）

　主よ、わたしたちは、あなたに忠実であったことの報いを待ち望んでいます。同時に、自分がその報いに値しないことも、わたしたちは知っています。
　わたしたちを贖うために、あなたの御子は高い代価を払われました。それゆえ、わたしたちは御もとに帰ることができます。あなたの真実と憐れみに感謝します。
　あなたのためにいちずに働く人に報いて、その心に平安と喜びを注いでください。あなたの恵みと慰めを人に分かち合うことができますように。あなたのご臨在という賜物で、日々わたしたちに報いてください。アーメン。

我々の功績に報いるとき、神は、ご自身の賜物をもって報いてくださる。

—— アウグスティヌス

11月7日

理性の賜物

あなたの定めは
とこしえに正しいのですから
わたしに理解させ、
命を得させてください。
（詩編 119 編 144 節）

　主よ、あなたは理性という賜物を与え、日々の生活の中で、あなたに喜ばれることを判断できるようにしてくださいました。あなたに近づけば、人生というものをもっと深く理解することができます。

　今日わたしは、理性を正しく働かせることができるようにと祈ります。今はまだ「理にかなっている」と思えないこともありますが、理解できるよう助けてください。アーメン。

神に異議を唱えることは難しい。それは神があなたの理性の源だからだ。

—— C・S・ルイス

11月8日

読書の価値

主の御業は大きく
それを愛する人は皆、それを尋ね求める。
（詩編 111 編 2 節）

　主よ、わたしたちは過去のどの世代よりも多くの情報を得ています。時間を賢く用いて本を読み、新しい考えや可能性に触れ、人生をもっと深く理解することができるように助けてください。

　また、聖書を読もうとする思いを与えて、人生の難問に取り組む備えをさせてください。わたしたちを聖霊で満たし、御言葉を読む中で御旨を悟らせてください。わたしの心と思いを形づくる御言葉に感謝します。アーメン。

読書を通して探しなさい。そうすれば、黙想のうちに見つかる。祈りを通して門をたたきなさい。そうすれば、観想のうちに開かれる。

―― 十字架の聖ヨハネ

11月9日

神への問い

わたしの名によって願うことは、何でもかなえてあげよう。こうして、父は子によって栄光をお受けになる。わたしの名によってわたしに何かを願うならば、わたしがかなえてあげよう。

（ヨハネによる福音書 14 章 13−14 節）

　父よ、わたしたちは、どのような質問でもあなたにすることができます。あなたはそれを受け止め、ふさわしい答えを下さいます。ありがとうございます。
　あなたが問いに答えてくださらないように思えるとき、疑いを持ってしまうわたしたちを赦してください。あなたは、万事が益となるように共に働かせてくださり、決して間違うことはありません。わたしたちの問いだけでなく、疑いにまでも耳を傾けてくださるあなたに感謝します。すべてのことを御手に委ねます。アーメン。

主は渇いた魂を飽かせ
飢えた魂を良いもので満たしてくださった。

（詩編 107 編 9 節）

11月10日

偏見の克服

そこではもはや、ユダヤ人もギリシア人もなく、奴隷も
自由な身分の者もなく、男も女もありません。あなたが
たは皆、キリスト・イエスにおいて一つだからです。
（ガラテヤの信徒への手紙 3 章 28 節）

　主よ、わたしには、根拠のない無用な偏見があります。真
実ではないのに本当だと思い込んできたこともあります。真
実を見抜く目を与えてください。
　文化や信条の違いにかかわらず、どんな人をもあなたの民
として見ることができますように。そして、一人一人のうち
に主イエスを見いだすことができますように。友として、ま
た隣人として、キリストの愛を表すことができるようにして
ください。互いの違いを認めながらも、互いの共通点に、ま
た同じ神を共通の父としていることに、目を向けることがで
きますように、アーメン。

　我々は事実を自分の偏見に合わせようとする。それがうまく
　いかないときは、偏見を変えずに、事実を無視するのだ。
　　　　　　　　　　　　　　　　── ジェサマイン・ウェスト

11月11日

祈りの姿勢

主を尋ね求めよ、見いだしうるときに。
呼び求めよ、近くにいますうちに。
（イザヤ書55章6節）

　主よ、祈りのうちにあなたの真理を探し求め、信頼して心を開き、あなたの恵みと憐れみを信じることができますように。祈りはあなたとわたしを一つにします。祈りを通して、わたしたちはお互いを深く知ることができます。
　あなたとの間に距離を置き、時に壁さえ築いて、御声を聞こうとしないことがあります。このような間違った祈りの姿勢を、どうぞ赦してください。真実と愛をもってあなたを求めるわたしたちを助けてください。祈るとき、わたしたちの魂を天に引き上げてください。アーメン。

　　あなたの心の願いをかなえ
　あなたの計らいを実現させてくださるように。
（詩編20編5節）

11月12日

御声を聞く

だれでも、聞くのに早く、話すのに遅く、また怒るのに
遅いようにしなさい。

（ヤコブの手紙 1 章 19 節）

　主よ、わたしたちはつい仕事に夢中になり、用事に追われ
て、あなたに心を向けずに一日を過ごしてしまいます。あな
たは朝日を昇らせて一日の始めを祝福し、その後も多くの恵
みでわたしたちを囲ってくださいます。それなのに、わたし
たちはそのことに気が付きません。

　今日、わたしたち皆が御声を聞き、一日中あなたと共に歩
むことができますように。「あなたはすべてを支配しておら
れ、いつでも御声を聞くことができる」ということを、教え
てください。あなたは、あらゆる方法でわたしたちに近づい
てくださいますから感謝します。アーメン。

　自然は無限の放送局だ。その周波数に合わせるなら、自然を
通して語られる神の声を、いつでも聴くことができる。

—— ジョージ・ワシントン・カーヴァー

11月
13日

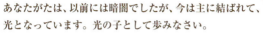

愛の灯台

あなたがたは、以前には暗闇でしたが、今は主に結ばれて、光となっています。光の子として歩みなさい。
(エフェソの信徒への手紙5章8節)

　すべての光の源である父よ、心に与えてくださったあなたの光を、人と分かち合えることを感謝します。この世の闇を照らす光として、わたしたちは闇へと足を踏み出し、あなたに至る道を人のために照らします。
　今日、あなたの光を輝かせるすべての人のために祈ります。わたしたちがますますあなたを喜ばせ、人に仕えることができるよう助けてください。わたしたちがあなたの愛の灯台となり、道を探し求める人たちを導くことができますように、アーメン。

　　　主よ、わたしたちに御顔の光を向けてください。
(詩編4編7節)

11月14日

言葉の重み

悪い言葉を一切口にしてはなりません。ただ、聞く人に
恵みが与えられるように、その人を造り上げるのに役立
つ言葉を、必要に応じて語りなさい。
（エフェソの信徒への手紙 4 章 29 節）

　父よ、御名によって語るすべての人たちのために祈ります。
言葉の持つ重みに注意を払うことができますように。言葉に
はいつまでも人に影響を与える力があることを、思い起こさ
せてください。
　子育て中の親に力を与えて、言葉と行いを通していつも子
どもを優しく励ますことができるように助けてください。夫
婦が互いのうちにあるよいものを心に留め、愛の言葉で語り
合うことができるようにしてください。
　言葉で人の心を癒やし明るくする者となれるよう、わたし
たちを助けてください。アーメン。

　　　大切なのは言葉の数ではなく、その重みだ。
　　　　　　　　　　　　　—— ポーランドのことわざ

11月
15日

バランスを

何をするにも、人に対してではなく、主に対してするように、心から行いなさい。
(コロサイの信徒への手紙 3 章 23 節)

　主よ、今はワーク・ライフ・バランスの時代です。昔は日の出から日没まで働くことが当たり前でしたが、そのような働き方は現代の労働倫理とは相いれません。どうぞ主よ、あなたに栄光を帰すような仕事をさせてください。
　労働の後に休む時間も、あなたが備えてくださったものとして、感謝して過ごすことができますように。「安息日には休むように」とあなたは語られました。リラックスすることも、仕事の手を休めてあなたとの関係に意識を集中することも、わたしたちには必要だからです。
　仕事も遊びも大切にして、バランスのとれた、御旨に沿った生活をすることができるように、わたしたちを助けてください。アーメン。

　仕事は人生のメインディッシュ、娯楽はデザートのようなものだ。
　　　　　　　── バーティー・チャールズ・フォーブス

11月16日

特別なデザイン

あなたは、今日、上の天においても下の地においても主こそ神であり、ほかに神のいないことをわきまえ、心に留め…なさい。

（申命記 4 章 39-40 節）

　主よ、天と地をただ一人の神が治めておられるという事実は、わたしたちの慰めであり、人生の土台です。

　唯一の神であるあなたは、その愛の御手をもってわたしたち一人一人を特別な存在としてデザインし、造ってくださいました。わたしたちは家族の中に置かれ、学び、成長しました。生計を立てる能力や才能を身に付け、この世に貢献できるようになりました。すべてあなたの恵みです。

　わたしたち一人一人を創造し、御子イエスを与え、この世であなたに喜ばれる歩みができるようにしてくださった、あなたの愛を感謝します。アーメン。

わたしは恐ろしい力によって
驚くべきものに造り上げられている。

（詩編 139 編 14 節）

11月17日

神の招き

〝霊〟と花嫁とが言う。「来てください。」これを聞く者も
言うがよい、「来てください」と。渇いている者は来るが
よい。命の水が欲しい者は、価なしに飲むがよい。

(ヨハネの黙示録 22 章 17 節)

　主よ、聖霊の働きのうちに、わたしたちを招き入れてくだ
さい。あなたに委ねることなく自分で握ってしまっている生
活の領域を、手放すことができますように。「もっと近くに
来なさい」とあなたに招かれていることを、忘れずに歩む者
としてください。
　まだあなたの招きに答えていない人たちに「あなたを深く
知りたい」という思いを与え、導いてください。わたしたち
が光となり、その人たちに道を示すことができますように。
主イエスの名によって祈ります。アーメン。

神よ、わたしを究め
わたしの心を知ってください。…
わたしの内に迷いの道があるかどうかを。
どうか、わたしを
とこしえの道に導いてください。

(詩編 139 編 23-24 節)

11月18日

日々の糧

わたしは、天から降って来た生きたパンである。このパンを食べるならば、その人は永遠に生きる。わたしが与えるパンとは、世を生かすためのわたしの肉のことである。

（ヨハネによる福音書6章51節）

　主よ、わたしたちを御言葉の糧によって日々養ってくださり、ありがとうございます。聖霊を与えて、世の光、地の塩としてあなたのために働くことを許してくださり、感謝します。

　今日わたしは、まだあなたの愛と力を経験していない人たちのために祈ります。また、一度は信じたけれども今はあなたを忘れている人のためにも祈ります。この人たちが、再びあなたを求めることができますように。すべての人があなたを知り、あなたにある喜びを見いだすことができますように、アーメン。

　　　　　主を畏れる人々の望みをかなえ
　　　　叫びを聞いて救ってくださいます。

（詩編145編19節）

11月19日

今日を生きる

終わりに、兄弟たち、喜びなさい。完全な者になりなさい。
励まし合いなさい。思いを一つにしなさい。
(コリントの信徒への手紙二 13 章 11 節)

　主よ、わたしたちの多くが、今を生きることができないで
います。過去の罪、未解決の問題、かつての失敗がもたらし
た痛みや傷にあえいでいます。未来に向かって進むことを恐
れ、思い出に浸るばかりの人もいます。
　過去を脱することができても、「転職は、結婚は、子ども
はどうしよう」と将来が不安になります。将来への不安があ
まりにも大きくなると、今日を生きることを忘れてしまいま
す。
　主よ、あなたに信頼し、今日という日を知恵と喜びをもっ
て生きることができるように、わたしたちを助けてください。
アーメン。

主はすべてのものに恵みを与え
造られたすべてのものを憐れんでくださいます。

(詩編 145 編 9 節)

11月20日

恐れも心配も

わたしは確信しています。死も、命も、天使も、支配するものも、現在のものも、未来のものも、力あるものも、高い所にいるものも、低い所にいるものも、他のどんな被造物も、わたしたちの主キリスト・イエスによって示された神の愛から、わたしたちを引き離すことはできないのです。

（ローマの信徒への手紙 8 章 38–39 節）

　主よ、わたしたちは、あなたの変わらない愛をいとも簡単に忘れてしまいます。わたしたちは、恐れや心配で心がいっぱいになり、「自分はあなたの愛に値しない」という思いに陥ります。そのようなとき、あなたの愛からわたしたちを引き離すものは何一つない、という真理は深い慰めです。

　父よ、疲れ切ってあなたを求める者を祝福し、慰めと憐れみを注いでください。恐れや心配の一切を御もとに差し出すわたしたちを、どうぞ助けてください。わたしたちの理解をはるかに超えて愛してくださるあなたに、感謝します。アーメン。

　　　　大いなる主、限りなく賛美される主
　　　　大きな御業は究めることもできません。

（詩編 145 編 3 節）

11月21日

あなたの贈り物

あなたがたのだれが、パンを欲しがる自分の子どもに、石を与えるだろうか。魚を欲しがるのに、蛇を与えるだろうか。このように、あなたがたは悪い者でありながらも、自分の子どもには良い物を与えることを知っている。まして、あなたがたの天の父は、求める者に良い物をくださるにちがいない。

(マタイによる福音書 7 章 9-11 節)

　主よ、わたしたちは贈り物を贈ることも、もらうことも好きです。けれども、わたしたちが持てるものも、できることも、すべてはあなたからの贈り物だということを、わたしたちはよく忘れてしまいます。

　あなたの賜物を喜び、それを人にも与えることができるように、わたしたちを助けてください。あなたの大きな愛で、いつもわたしたちを祝福してください。あなたが与えてくださる命の糧に、感謝します。アーメン。

　人生最大の夢でさえ、神に頂く賜物に比べたら何でもありません。

—— エリザベス・バレット・ブラウニング

11月22日

黄金律

だから、人にしてもらいたいと思うことは何でも、あなたがたも人にしなさい。これこそ律法と預言者である。
（マタイによる福音書7章12節）

　自分の心配事や悲しみで周りが見えなくなることがあります。急に頼まれても快く人に手を貸し、必要な人を励ますことができるように、わたしたちを変えてください。日々、どんな相手にも愛と光を注ぐ者になれますように。
　これまでに出会わせてくださった親切な人たちに、感謝します。わたしも同じように、今日どこにいても、助けを必要としている人に心を開くことができますように。「人にしてもらいたいと思うことを人にする」という主の黄金律に従おうとする人たちを、どうぞ祝福してください。アーメン。

　　いかに幸いなことか
　　ヤコブの神を助けと頼み
　　主なるその神を待ち望む人。

（詩編146編5節）

11月23日

感謝の生活

いつも喜んでいなさい。絶えず祈りなさい。どんなこと
にも感謝しなさい。これこそ、キリスト・イエスにおいて、
神があなたがたに望んでおられることです。

（テサロニケの信徒への手紙一 5章16-18節）

　主よ、いつもあなたに感謝できるように、わたしたちを助
けてください。その日起こったよくないことで頭がいっぱい
になり、あなたから心が離れそうになっても、いつも喜んで
いられますように。

　どのような小さなことで祈っても、あなたはそれを聞き、
ここに来て助けてくださいます。わたしたちは独りぼっちで
はありません。

　健康、愛する家族、今日の食事、友人、明日への希望など
にも感謝します。あなたへの感謝にあふれた生き方ができま
すように、アーメン。

「感謝の念（gratitude）」と「恵み（grace）」の語根は同じだ。
感謝の念とは、尽きることのない神の憐れみにほかならない。
「感謝（thanksgiving）」と「考える（think）」の語根は同じだ。
考えることは、感謝することと同じなのだ。

—— ウィリス・P・キング

11月24日

圧倒的な恵み

わたしたちの内に働く御力によって、わたしたちが求め
たり、思ったりすることすべてを、はるかに超えてかな
えることのおできになる方に、
（エフェソの信徒への手紙 3 章 20 節）

　父よ、わたしの想像をはるかに超えたあなたの御業には、
希望と力があります。あなたは、わたしたち一人一人にあな
たの霊を与え、ご計画に従って、それぞれに知恵と力を与え
てくださいます。
　わたしたちは御手の業に気付くのに遅い者です。「もっと
深くあなたを知り、あなたに近づきたい」と心から願う者と
してください。
　日々の歩みの中で、あなたの恵みと憐れみを表すことがで
きるよう、わたしたちを助けてください。アーメン。

　　人々が、代々に御業をほめたたえ
　　力強い御業を告げ知らせますように。
（詩編 145 編 4 節）

11月25日

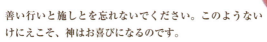

善い行いを

善い行いと施しとを忘れないでください。このような
けにえこそ、神はお喜びになるのです。
（ヘブライ人への手紙 13 章 16 節）

　主よ、思いもよらなかった小さな贈り物、また、時宜にかなった褒め言葉によって、どれほど励まされることでしょうか。
　わたしたちの心を励まして、人を助ける者としてください。「皆が笑顔になれるように」と、あなたが喜びを注いでくださった数々のことを、ありがとうございます。
　今日わたしは祈ります。もっと多くの人が、自分の心の広さに驚くほどに善い行いをすることができますように、アーメン。

　ある人の偉大さを測るとき、神はその頭ではなく心の大きさを測る。

―― 作者不明

11月26日

主の答えを待つ

どうか、わたしの口の言葉が御旨にかない
　心の思いが御前に置かれますように。
　　　　　（詩編 19 編 15 節）

　父よ、あなたは、人間の理解を超えた全知全能の神です。そして、わたしたちの祈りを喜んで聞いてくださる方です。
　わたしたちの祈りは往々にして愚かで分別のないものです。それでも、誠実な心で祈るとき、あなたは聞いてくださり、助けてくださいます。
　わたしたちは、悲しみ、心打ちひしがれ、ひたすらに答えを求めてひれ伏します。そのようなときには、どうか御声を聞かせてください。わたしたちが希望のうちにあなたの答えを待ち続けることができますように、アーメン。

　希望をもって喜び、苦難を耐え忍び、たゆまず祈りなさい。
　　　　　（ローマの信徒への手紙 12 章 12 節）

11月27日

夢と幻

　　　その後
　　わたしはすべての人にわが霊を注ぐ。
　　あなたたちの息子や娘は預言し
　　老人は夢を見、若者は幻を見る。
　　　その日、わたしは
　　奴隷となっている男女にもわが霊を注ぐ。
　　　　（ヨエル書3章1-2節）

　主よ、夢やビジョンを描くとき、あなたを第一とさせてください。あらゆることにおいて御顔を求め、あなたの手足となって働くことができますように。
　夢に向かって歩く途上でも、わたしを導くあなたの声に敏感でいることができますように。わたしたちにあなたの霊を注いで、周りの人たちの灯台となれるようにしてください。わたしの働きにおいても、あなたに与えられた目標を達成できるように助けてください。アーメン。

　夢や幻を大切にせよ。それはあなたの魂の子であり、最終的に成し遂げることの青写真なのだ。

　　　　　　　　　　　　　―― ナポレオン・ヒル

11月28日

手と足の働き

そのように、あなたがたの光を人々の前に輝かしなさい。
人々が、あなたがたの立派な行いを見て、あなたがたの
天の父をあがめるようになるためである。

（マタイによる福音書 5 章 16 節）

主よ、あなたは、人のためにあなたの光を輝かせるという
すばらしい仕事を与えてくださいました。することすべてを
通して信仰を分かち合うことができるように、わたしたちを
助けてください。わたしたちの人生が、あなたの優しさと真
実を証しするものでありますように。わたしたちの手と足の
働きを通して、人が神を知りたいという願いを持ち、御顔を
仰ぎ見ることができるように導いてください。アーメン。

神は、光を輝かせるためにわたしたちを召し出された。「人
と違って自分には影響力がないから輝けない」とは言わせな
い。神は、あなたが今持っている影響力を用いることを望ん
でおられる。

―― ドワイト・L・ムーディー

11
月
29
日

憂鬱な日

わたしの魂は生きることをいとう。
嘆きに身をゆだね、悩み嘆いて語ろう。
（ヨブ記 10 章 1 節）

　主よ、今日は、すべてがうまくいかず、心が曇っている日です。何をしてもどこを見ても、日の光が見えないような気がします。どうかあなたの光の近くに立って、よいことを見ることができますように。悲しみや恥の縄目から自由にしてください。あなたの赦しと忍耐を思い起こさせてください。あなたの平安をもう一度見いだすことができますように。
　鬱の苦しみにある人たちのために祈ります。あなたがその心と思いとを引き上げ、変わらない愛で励ましてください。主イエスの御名によって、アーメン。

嘆き祈るわたしの声を聞いてください。
至聖所に向かって手を上げ
あなたに救いを求めて叫びます。

（詩編 28 編 2 節）

11月30日

全能の父よ、わたしたちに恵みを与え
心と唇をもって、あなたに向かわせてください。
あなたはどこにもおられ
あなたには何も隠すことはできません。
敬虔に、愛をもって
思いをあなたに向けるように教えてください。
そうすれば、今も、そしていつまでも
わたしたちの祈りは報われ
あなたに受け入れられます。
わたしたちの主イエス・キリストによって。

ジェーン・オースティン

12 月

用意しておく

　このことをわきまえていなさい。家の主人は、泥棒がいつやって来るかを知っていたら、自分の家に押し入らせはしないだろう。あなたがたも用意していなさい。人の子は思いがけない時に来るからである。
　　　　　　（ルカによる福音書 12 章 39-40 節）

　父よ、主イエスが再び来られる日がいつかを知ることはできませんが、いつでも用意しておくことはできます。勤勉に働き、家庭や子育て、仕事や人間関係において、いつも注意深くあるように助けてください。何よりも、いつでもあなたに立ち帰ることができるよう、あなたとの交わりを絶えず保つことができますように。
　キリストの名によって、あなたの平安と憐れみを祈り願います。アーメン。

　　　　　神に従う人の道を主は知っていてくださる。
　　　　　神に逆らう者の道は滅びに至る。
　　　　　　　　　　　　　　　　　　（詩編 1 編 6 節）

12月1日

神の約束

わたしたちは、義の宿る新しい天と新しい地とを、神の
約束に従って待ち望んでいるのです。
（ペトロの手紙二 3 章 13 節）

父よ、あなたは、すばらしい将来をわたしたちに約束して
くださっています。すべての人が神をあがめる新しい世界は、
希望と平安に満ちています。

今年も終わりを迎えようとしています。この季節にも、あ
なたを喜ばせる歩みができるように助けてください。清く、
憐れみ深く、忍耐強く、愛に生きる者となれますように。あ
なたはわたしたちに模範を示し、義にふさわしく生きること
の意味を示してくださいました。今までの自分に勝るような
生き方ができますように、アーメン。

生ける神がおられ、聖書によって語られた。神は真実を語り、
約束を守られるお方だ。

—— ハドソン・テーラー

12月2日

暗闇より光へ

それは、あなたがたを暗闇の中から驚くべき光の中へと招き入れてくださった方の力ある業を、あなたがたが広く伝えるためなのです。

(ペトロの手紙一 2 章 9 節)

　すべての光の主よ、優しさに満ちた憐れみのゆえに、あなたに感謝します。あなたはどこからでも見える灯台のようです。わたしたちを暗闇から救い出し、あなたの光に照らされてあなたに近づくことができるようにしてくださったことを、感謝します。
　この地上にあなたの光を輝かせてください。わたしたちが栄光に満ちた御子をもっとはっきりと見上げることができますように。あなただけがまことの世の光であることを、分からせてください。
　真理の道を示してくださり、感謝します。どこに行っても、あなたの光を内側から輝かすことができますように、アーメン。

光の中を一人で歩むより、暗闇の中で神と共に歩むことのほうをわたしは選ぶ。
　　　　　　　—— メアリー・ガーディナー・ブレイナード

12月3日

御翼の下に

そのためにわたしたちは断食してわたしたちの神に祈り、
祈りは聞き入れられた。

（エズラ記 8 章 23 節）

　主よ、小さな子どものように、愛と守りを求めてあなたに
走り寄るとき、あなたは、優しく憐れみをもって受け止めて
くださいます。ありがとうございます。
　わたしたちが必要としていること、そしてわたしたちに
とって本当に大切なことを、あなただけはご存じです。わた
したちの必要を顧み、祈りを聞いてくださることを感謝しま
す。
　恐れを抱くとき、また、人生に疲れたときに、休める場を
与えてください。愛と喜びに満ちたあなたの癒やしの力を現
してください。御翼の下に、わたしたちは安らぎを得ること
ができますように、アーメン。

神は羽をもってあなたを覆い
翼の下にかばってくださる。
神のまことは大盾、小盾。

（詩編 91 編 4 節）

12月4日

与える知恵を

> その夜、主はギブオンでソロモンの夢枕に立ち、「何事でも願うがよい。あなたに与えよう」と言われた。
> （列王記上 3 章 5 節）

　父よ、イスラエルの王となった若きソロモンは、その務めの重さと難しさに圧倒されていました。願うものを何でも与えようと言われたとき、自分の利益ではなく、民を正しく導く知恵を、ソロモンは求めました。
　わたしたちも、自分の益ではなく、人のためになることを祈り求めることができますように。人を憐れみ、平安と恵みを分かち合うための知恵を、わたしたち一人一人に与えてください。アーメン。

> 知恵ある人は皆、これらのことを心に納め
> 　主の慈しみに目を注ぐがよい。
> （詩編 107 編 43 節）

12月5日

神を知る

「彼らは、『その名は一体何か』と問うにちがいありません。
彼らに何と答えるべきでしょうか。」神はモーセに、「わ
たしはある。わたしはあるという者だ」と言われ、
（出エジプト記3章13-14節）

　万物の主なる神よ、わたしたち人間にとって、あなたの愛
の大きさ、広さ、深さを理解することは難しいことです。あ
なたの力、気前のよさ、限りない忍耐も、なかなか理解する
ことができません。わたしたちは何度もあなたを試み、あな
たから離れました。それでもなお、あなたは真実の方でいて
くださいます。あなたをがっかりさせたのに、あなたは近く
にいて、呼べばいつでも振り向いてくださいました。
　主よ、わたしたちの創造主、贖い主、変わることのない友
であるあなたを、もっと深く知ることができますように。い
つも共にいてくださるあなたに、感謝します。アーメン。

息あるものはこぞって主を賛美せよ。
ハレルヤ。

（詩編150編6節）

12月6日

真理を知ること

わたしの言葉にとどまるならば、あなたたちは本当にわたしの弟子である。あなたたちは真理を知り、真理はあなたたちを自由にする。
(ヨハネによる福音書8章31-32節)

　主よ、唇と心をもってあなたをあがめ、真理を知ろうとする人のために祈ります。あなたの霊が働いて、その人たちがますますあなたの教えを求め、自分を自由にした真理を人と分かち合うことができるようにしてください。
　この世で福音を伝えることは簡単ではありません。けれども、あなたはすでに世に勝ち、わたしたちが真理を発見する道を備えてくださいました。主イエスの愛を信じ、慰めを受けることができることを感謝します。今日、あなたを求めるすべての者を祝福してください。アーメン。

　　　　主の慈しみとまことはとこしえに
　　　わたしたちを超えて力強い。ハレルヤ。

(詩編117編2節)

12月7日

平和の贈り物

いかに美しいことか
山々を行き巡り、良い知らせを伝える者の足は。
彼は平和を告げ…
あなたの神は王となられた、と…呼ばわる。
（イザヤ書 52 章 7 節）

　主よ、クリスマスと年の瀬が近づいてきました。わたしたちは家族や友人のために、来る年の励ましになるようなプレゼントを探しています。祝福の願いを込めてカードを書き、うきうきした気持ちでプレゼントを包みます。
　今日、あなたが与えてくださった多くの贈り物に思いを寄せます。憐れみと恵みの贈り物、特に平和の贈り物を思います。それは、優しいあなたに抱かれるような全き平安です。
　インマヌエルの主よ、わたしたちと共にいてください。今日もこれからもずっと、掛けがえのないあなたの平和という贈り物を与えてください。主イエスの名によって祈り求めます。アーメン。

わたしは、平和をあなたがたに残し、わたしの平和を与える。
（ヨハネによる福音書 14 章 27 節）

12月8日

恵みに囲まれて

いかに幸いなことでしょう
勝利の叫びを知る民は。
主よ、御顔の光の中を彼らは歩きます。
（詩編 89 編 16 節）

　主よ、あなたの恵みに囲まれ、あなたの愛で覆われていること、それ以上に心が躍ることはありません。神の恵みはすべてのことを可能にし、日々耐え忍ぶことができるようにしてくださいます。あなたは、わたしたちが安全に歩めるように導き、信仰が揺らいでも守り、行くべき道を照らしてくださる方です。

　日々の歩みがあなたの恵みで囲まれていることを知ると、何をしても、どこにいても、あなたを見いださずにはいられません。あなたの真実な助けと導き以上にわたしの魂を満たすものはありません。あなたは愛をわたしたちに注ぎ、日々あなたの光を求めるようにしてください。感謝と賛美をあなたにささげます。アーメン。

　恵みと感謝において成長した証しは、すべての事柄のうちに
　神を見いだす心である。

　　　　　　　　　　　　　　　—— チャールズ・G・フィーニー

12月9日

家族の絆

地上の氏族はすべて、あなたとあなたの子孫によって祝
福に入る。見よ、わたしはあなたと共にいる。あなたが
どこへ行っても、わたしはあなたを守…る。
(創世記 28 章 14-15 節)

天の父よ、あなたはわたしたちの家長、わたしたちはあな
たの家族です。住所や職業、習慣や文化が違っていても、わ
たしたちは皆あなたの子どもです。あなたは永遠にわたした
ちの歩みを守り、導き、養い育ててくださることを、心より
感謝します。

今日、誰に対してもあなたの家族として接することができ
ますように。地上のあらゆる場所で同じ父を仰ぐ人たちに、
恵みと愛の手を差し伸べることができるように助けてくださ
い。このような力強い家族の絆を与えてくださり、ありがと
うございます。アーメン。

家族とは、日々の生活という金床で、生きる指針が試され、
磨かれる場だ。

—— チャールズ・R・スウィンドル

12月10日

働きを終える

各自で、自分の行いを吟味してみなさい。そうすれば、自分に対してだけは誇れるとしても、他人に対しては誇ることができないでしょう。めいめいが、自分の重荷を担うべきです。

(ガラテヤの信徒への手紙6章4-5節)

　主よ、年の終わりが近づき、わたしも今年の仕事を終えようとしています。今年の仕事をきちんと終えることができますように。また、来年の働きを通して、あなたをたたえることができますように。自分の時間や持てるものを惜しみなく使って人を助け、御国の働きを進めることができるよう、支えてください。

　クリスマスにあなたが与えてくださった賜物、御子イエスを思うとき、「さらにあなたを求めるように」と励まされます。あなたの御言葉に従い、人に与える者となることができますように、アーメン。

　　　朝にはあなたの慈しみに満ち足らせ
　　生涯、喜び歌い、喜び祝わせてください。

(詩編90編14節)

12月11日

実行する勇気

彼らは無駄に労することなく…
その子孫も共に、主に祝福された者の一族となる。
(イザヤ書65章23節)

　主よ、わたしたちは日々、つい食べ過ぎたり、すべき仕事をしなかったりといった失敗をします。一方、しっかりと仕事を片づける、祈る時間を取るといったことに成功することもあります。
　どうか今、あなたが望まれることを行う勇気を与えてください。わたしたちにビジョンを与え、人生の目標を達成できるよう助けてください。リスクがあっても、それを御手が働く機会としてくださいますように、アーメン。

　　平凡であることを拒み、できるかぎり高く志を持て。
　　　　　　　　　　　　　　── A・W・トウザー

12月12日

御子という贈り物

主の道を整え、その道筋をまっすぐにせよ。
（マタイによる福音書3章3節）

　父よ、あなたは創造主、そして贖い主です。これまでにしてくださったすべてのことを感謝します。わたしたちを見捨てることなく、あなたに近づくための道を備えてくださいました。ありがとうございます。愛する御子という贈り物を感謝します。
　このクリスマスにも、わたしたちは御子イエスが来られたことを喜び、再び来てくださることを待ち望みます。わたしたちが声を一つにして、天の父であるあなたを賛美することができますように。クリスマスに備えるこの日々、わたしたちの生活を祝福し、かたくなさを取り去って、御もとに近づく者としてください。アーメン。

　すべての人の心の中には、神が作られた空洞がある。その空洞はいかなる被造物によっても満たすことはできない。イエスを通して啓示された創造主である神によってのみ満たされるのだ。

—— ブレーズ・パスカル

12月13日

新しくされた霊

だから、キリストと結ばれる人はだれでも、新しく創造された者なのです。古いものは過ぎ去り、新しいものが生じた。

(コリントの信徒への手紙二 5章17節)

　主よ、クリスマスは、人の魂を清め、光と愛を心に注ぎ、祝福と喜びで輝かせてくれる季節です。あなたは過去を問うことなくわたしたちを受け入れ、未来に向けて確かな歩みを進めることができるように導いてくださいます。
　このクリスマスの季節、人々を教え導く立場にいる人たちの心を開いてください。愛する者を失って悲しんでいる人の霊を新しくし、心の望みとなってください。いつでもやり直すことを許してくださることを、ありがとうございます。アーメン。

　　新しい人生、それは「キリストにある」人生である。
　　　　　　　　　　　　　—— テオドール・H・エップ

12月14日

見張りのように

見張りの者よ、今は夜の何どきか
見張りの者よ、夜の何どきなのか。
（イザヤ書 21 章 11 節）

　主よ、羊の群れを見張りながら暗闇の中であなたを待っていた羊飼いたちのように、わたしたちもあなたを待ち望みます。光り輝いてわたしたちを導く星を、待ち望みます。人生のすべての領域に、あなたの恵みと憐れみを見いだすことができますように。

　あなたは、わたしたち一人一人の人生を愛をもって導き、形づくってくださいます。そのことを知るとき、わたしたちは驚き、畏れを抱きます。あなたはわたしたちに心を配り、新しい方向を示し、御手によって助け、人生の意味と目的を悟らせてくださいます。どのような状況でも、わたしたちはあなたを待ち望みます。あなたに感謝し、とこしえに賛美をささげます。アーメン。

　　　見よ、神はわたしを助けてくださる。
　　　　主はわたしの魂を支えてくださる。
　　　　　　　　　　　　　　　（詩編 54 編 6 節）

12月15日

心の清い人々

心の清い人々は、幸いである、その人たちは神を見る。
（マタイによる福音書5章8節）

父よ、わたしたちは子どものような心と願いを持って御前に出ます。あなたを見るためには、世ではなく、あなたのなさる不思議を見つめなければなりません。

みごもった子の誕生を待つ間、マリアの心にはどのような思いがよぎったでしょうか。「救い主を世にもたらすために自分が選ばれた」ということが、何よりも不思議だったことでしょう。

わたしたちも、ただあなたのご臨在を喜ぶために、マリアのように清い心で、今あなたに近づくことができますように。アーメン。

全能の神にとって、清い心と純真さには大きな力がある。神ご自身が最も清く、最も純真だからだ。

—— 聖グレゴリウス1世

12月16日

幼子のように

そのとき、イエスはこう言われた。「天地の主である父よ、あなたをほめたたえます。これらのことを知恵ある者や賢い者には隠して、幼子のような者にお示しになりました。そうです、父よ、これは御心に適うことでした。…」
（マタイによる福音書 11 章 25-26 節）

　主よ、クリスマスプレゼントを楽しみにしながら降誕劇に加わる子どもたちの表情は、なんと輝いていることでしょう。
　この子どもたちのようにあなたを見上げる人たちに、あなたは愛と恵みを与えられます。クリスマスの朝に子どもたちが希望に輝いて目覚めるように、わたしたちも熱心にあなたを求めることができるよう導いてください。あなたは何よりもすばらしい贈り物をクリスマスに与えてくださいました。
　あなたがしてくださったことを理解するためには、科学も学問も要りません。必要なのは、幼子のようにあなたを信じ、受け入れ、待ち望む心だけです。アーメン。

　　　　　神よ、慈しみはいかに貴いことか。
（詩編 36 編 8 節）

12月17日

恵みによる献身

わたしはあなたの行いを知っている。あなたは、冷たくもなく熱くもない。むしろ、冷たいか熱いか、どちらかであってほしい。熱くも冷たくもなく、なまぬるいので、わたしはあなたを口から吐き出そうとしている。
　　　　　（ヨハネの黙示録3章15-16節）

　天の父よ、わたしたちはつい、あなたのことを深く考えずに行動に移してしまいます。このクリスマスの季節に立ち止まり、あなたへの献身について改めて考えます。自分の信仰を顧み、あなたへと手を差し伸ばします。
　この大いなる喜びの季節、わたしたちの心をあなたの恵みに委ねます。あなたはわたしたちの輝く星、永遠の喜びです。心と体であなたにしっかりとつながることができるように、どうぞ助けてください。アーメン。

　多くの人は心の中で神を信じているが、神にすべてを委ねてはいない。神だけに完全に忠誠を尽くす備えができていないのだ。

—— ドワイト・L・ムーディー

12月18日

慈悲の心

あなたの神、主より受けた祝福に応じて、それぞれ、献げ物を携えなさい。

(申命記 16 章 17 節)

主よ、人生が混乱し、苦しんでいる人が多くいます。寄付をしたり、励ましの言葉をかけたりするなど、具体的な助けの手を差し伸べることができるよう、わたしたちを助けてください。

あなたの手足、目や耳となるようにと、あなたはわたしたちを招いておられます。「わたしの声となってわたしの存在を知らせよ」と言われることもあります。

わたしたちの与える心を、燃え立たせてください。新年を前にして、今、わたしたちが多くの人にとっての光となりますように、アーメン。

  いかに幸いなことでしょう
  弱いものに思いやりのある人は。
   災いのふりかかるとき
  主はその人を逃れさせてくださいます。

(詩編 41 編 2 節)

12月19日

心からの願い

御父がどれほどわたしたちを愛してくださるか、考えな
さい。それは、わたしたちが神の子と呼ばれるほどで、
事実また、そのとおりです。

(ヨハネの手紙一3章1節)

父よ、あなたはわたしたちを導いて、あなたの愛に信頼す
る子どもとしてくださいました。わたしたちが信仰において
成長し、恵みによって守られていることを感謝します。

あなたこそ、わたしたちの心が切に求めるものです。あな
た以外に真の希望はありません。その希望を喜んで人に分か
ち合うことができますように。人にあなたのことを伝え、助
けの手を差し伸べることができますように。

この地上のすべてのものはあなたのもの、この地上の誰も
があなたの被造物です。わたしたちがあなたに思いを傾け、
「光の子」としてしっかり立つことができるようにしてくだ
さい。アーメン。

人類の歴史の悲劇は、「光の子」より「闇の子」のほうが、
意志が固く熱心だということだ。

―― マーティン・ルーサー・キング・ジュニア

12月20日

生きた信仰

わたしを尋ね求めるならば見いだし、心を尽くしてわたしを求めるなら、わたしに出会うであろう、と主は言われる。

(エレミヤ書 29 章 13-14 節)

　主よ、主イエスが誕生したころ、熱心にあなたを探し求める人たちがいました。占星術の学者たちはメシアの到来を告げる星を見てやって来ました。マリアは心の中で天使の言葉を思い巡らし、ヨセフは目の前に起こる出来事を畏れつつ見ていました。
　熱心に御声を聞こうとする人たちが、あなたを見いだすことができるよう祈ります。懸命に聖書を学び、祈りのうちにあなたを求める人たちが、あなたとの間に横たわる深淵を乗り越えて、御もとに行くことができますように。あなたがおられるという確かな声が、多くの人々の耳に届くようにしてください。アーメン。

　　神の愛があるからこそ、生ける真実の信仰が生まれる。
　　　　　　　　　　　　── フランソワ・ド・サル

12月21日

その名は

あなたは身ごもって男の子を産むが、その子をイエスと
名付けなさい。その子は偉大な人になり、いと高き方の
子と言われる。

(ルカによる福音書 1 章 31-32 節)

　愛する主よ、わたしたちが救われるべき名は、天下にこの
名のほか、人間には与えられていません。このことを感謝し
ます。
　主の名前は、主のご性質を表しています。主はインマヌエ
ル、わたしたちと共にいてくださる方です。主は世の光、救
い主です。主イエスの名は、信じるものにとってすべてです。
　主の名を祝福してください。これからも、主に従おうとす
るわたしたちの人生を祝福してくださいますように。命を与
える救い主の名によって祈ります。アーメン。

聖なる御名を誇りとせよ。
主を求める人よ、心に喜びを抱き…
常に御顔を求めよ。

(詩編 105 編 3-4 節)

12月22日

聖であること

彼らは互いに呼び交わし、唱えた。
「聖なる、聖なる、聖なる万軍の主。
主の栄光は、地をすべて覆う。」
（イザヤ書6章3節）

　主よ、賛美と感謝をあなたにささげるとき、聖であることの意味について思いをはせます。唯一の、完全に聖なる方であるあなたを、畏れ敬います。聖なる者とされるために何が求められているか、それをわたしたちが理解できるように助けてください。
　父よ、あなたは、光なる方を幼子としてわたしたちに与えてくださいました。その方と共に、わたしたちが聖なる者へと成長するためです。日々の歩みの中で、あなたの聖なるご性質にあずかる道へとわたしたちを導いてください。アーメン。

キリストは、神の完全なかたちである。わたしたちは新たにされ、知識、清さ、義、真の聖性において、主と同じかたちへと変えられていく。

　　　　　　　　　　　　　　　—— ジャン・カルヴァン

12月23日

荒野の果てに

　すると、突然、この天使に天の大軍が加わり、神を賛美して言った。
　　「いと高きところには栄光、神にあれ、
　　地には平和、御心に適う人にあれ。」
　　　　　（ルカによる福音書 2 章 13-14 節）

　天の父よ、このクリスマスの季節、天使の御告げを思い巡らします。わたしたちが誰一人失われることがないようにと、主イエスはこの世に生まれてくださいました。
　光を求めるすべての人たちが、この天使の御告げをはっきりと聞くことができますように。あなたを語る賜物を与えられ、あなたに仕えている説教者を感謝します。その語る声を聞いたわたしたちが、天の軍勢のように、喜びと賛美の歌で応答することができますように。ハレルヤ！アーメン。

　　　　　栄光に輝く王とは誰か。
　　　　万軍の主、主こそ栄光に輝く王。
　　　　　　　　　　　　　（詩編 24 編 10 節）

12月24日

誕生の告知

　ところが、彼らがベツレヘムにいるうちに、マリアは月が満ちて、初めての子を産み、布にくるんで飼い葉桶に寝かせた。宿屋には彼らの泊まる場所がなかったからである。

　　　　　　　　　（ルカによる福音書2章6-7節）

　主なる神よ、あなたは御子をわたしたちに与え、ご自身がどのような方かを示してくださいました。主イエスの誕生にあたり、心からの感謝と喜びの声を上げます。
　あなたは力づくでわたしたちに服従を求めることもできました。わたしたちの罪のゆえに呪い、そのまま放っておくこともできました。けれどもその代わりに、光なる方を送ってくださいました。
　わたしたちは、世の光、祝福された栄光ある神の御子、キリストの誕生を祝います。賛美と栄光が神にとこしえにありますように、アーメン。

　　　　　命の道を教えてくださいます。
　　わたしは御顔を仰いで満ち足り、喜び祝い
　　右の御手から永遠の喜びをいただきます。

　　　　　　　　　　　　　　（詩編16編11節）

12月25日

救い主によって

わたしは、民全体に与えられる大きな喜びを告げる。今日ダビデの町で、あなたがたのために救い主がお生まれになった。この方こそ主メシアである。

(ルカによる福音書 2 章 10-11 節)

　主よ、わたしたちが救い主を必要とする前に、あなたは救いの道を備えてくださいました。わたしたちが憐れみを願う前に、あなたは憐れみ深い方でした。あなたはいつもわたしたちの前を歩み、わたしたちを抱きしめ、愛を示してくださいました。

　日々生まれる子どもたちを祝福してください。あなたの存在を感じる心を持ってこの世に生まれ、成長して、あなたの光を輝かせることができますように。

　生きる意味が分からない人々に希望を与える人たちを、祝福してください。誰もがあなたの子どもです。独り子イエスのゆえに、皆があなたに引き寄せられ、人生に触れていただくことができますように、アーメン。

あなたは、わたしの内臓を造り
母の胎内にわたしを組み立ててくださった。
わたしはあなたに感謝をささげる。

(詩編 139 編 13-14 節)

12月26日

この世の希望

神の招きによってどのような希望が与えられているか、聖なる者たちの受け継ぐものがどれほど豊かな栄光に輝いているか悟らせてくださるように。
(エフェソの信徒への手紙1章18節)

　主よ、あなたはわたしたちを見捨てることなく、わたしたちを引き上げ、希望を与え、可能性に満ちた未来に召してくださいます。ありがとうございます。あなたにはすべてが可能です。日々あなたと共に歩む中で、あなたは最善をなしてくださいます。
　あなたに希望を置くすべての人たちのために祈ります。この年が終わり、新しい年が始まろうとしている今、わたしたちの心が光で満たされ、新たにあなたを知ることができますように。今年味わった挫折の経験をあなたに委ね、手放すことができますように。「あなたはこれからも本当に必要なものを与えてくださる」ということを信じさせてください。アーメン。

　　　　　わたしは常に待ち望み
　　　　繰り返し、あなたを賛美します。
　　　　　　　　　　　　　(詩編71編14節)

12月27日

恵みと栄光

　忍耐と慰めの源である神が、あなたがたに、キリスト・イエスに倣って互いに同じ思いを抱かせ、心を合わせ声をそろえて、わたしたちの主イエス・キリストの神であり、父である方をたたえさせてくださいますように。
　　　　　（ローマの信徒の手紙15章5-6節）

　主よ、美しい夕焼けや山の頂上からの眺めに、あなたの栄光をかいま見ることができます。また、人の勇気ある行動や愛の行為にも、あなたの栄光を見ます。
　新しい年に向かう今、あなたの御名をたたえることを何よりも優先することができるよう助けてください。自分の魂に心を配り、仕事と家庭、そして霊的生活のバランスを保つことができますように。一切をあなたの恵みと栄光のためにすることを、わたしたちは願います。アーメン。

　　　わたしたちではなく
　　あなたの御名こそ、栄え輝きますように
　　　あなたの慈しみとまことによって。

　　　　　　　　　　　　（詩編115編1節）

12月28日

今日に満ち足りる

だから、明日のことまで思い悩むな。明日のことは明日自らが思い悩む。その日の苦労は、その日だけで十分である。

(マタイによる福音書 6 章 34 節)

　主よ、一年を振り返り、新しい年に希望を抱くとき、「わたしたちには今という時しかない」ということを思い起こさせてください。今日という日はチャンスであり、賜物です。わたしたちは今を生きています。この日を意義あるものとするために、わたしたちの考え方を変えてください。
　今日の出来事をしっかりと味わい、感じることができるように助けてください。あなたの子どもであることの意味をもっと深く理解し、もし明日が来なくても、今日したことで満ち足りることができますように。御手に人生を委ねるわたしたちを、どうぞ祝福してください。アーメン。

　　　　主を畏れることは知恵の初め。
　　　これを行う人はすぐれた思慮を得る。
　　　　主の賛美は永遠に続く。

(詩編 111 編 10 節)

12月29日

神に信頼する

わたしたちが労苦し、奮闘するのは、すべての人、特に信じる人々の救い主である生ける神に希望を置いているからです。
　　　　　　　　　　　（テモテへの手紙一 4 章 10 節）

　父よ、一年を終えようとしている今日、これまで以上に、あなたに希望を置くことができますように。あなたは愛に満ちた、生ける神です。これから何が起ころうとも、あなたはわたしたちの手を離されることはありません。先の道が不確かでも、あなたは必ず守ってくださいますから、わたしたちはあなたを信頼します。
　わたしたちは恐れやすい者です。聖書には、天使はいつも「恐れるな」と告げたとあります。新しい年に起こることを恐れるのではなく、あなたに信頼することができますように。アーメン。

　　　　恐れをいだくとき
　　わたしはあなたに依り頼みます。
　　　　　　　　　　　　　　（詩編 56 編 4 節）

12月30日

初めと終わり

> わたしはアルファであり、オメガである。最初の者にして、最後の者。初めであり、終わりである。
> （ヨハネの黙示録 22 章 13 節）

　主よ、この年最後の日が来ました。わたしたちを新しくし、もう一度始める勇気を与えてください。遠くからでも見えるように、わたしたちのうちにある光が輝きますように。わたしたちが、あなたをまだ知らない人たちに対する福音となり、真理を知ろうとする人たちの恵みとなることができますように。

　あなたは初めであり終わりです。わたしたちは被造物、あなたの子どもです。再臨を待つわたしたちに知恵を授け、信仰を強めてください。あなたが世の終わりまでずっと共にいてくださることを、はっきりと知ることができますように。わたしたちの主であり救い主である方の名によって祈ります。アーメン。

> 目覚めよ、竪琴よ、琴よ。
> わたしは曙を呼び覚まそう。
> （詩編 57 編 9 節）

12月31日

神に信頼する

わたしたちが労苦し、奮闘するのは、すべての人、特に
信じる人々の救い主である生ける神に希望を置いている
からです。

（テモテへの手紙一 4 章 10 節）

父よ、一年を終えようとしている今日、これまで以上に、
あなたに希望を置くことができますように。あなたは愛に満
ちた、生ける神です。これから何が起ころうとも、あなたは
わたしたちの手を離されることはありません。先の道が不確
かでも、あなたは必ず守ってくださいますから、わたしたち
はあなたを信頼します。

わたしたちは恐れやすい者です。聖書には、天使はいつも
「恐れるな」と告げたとあります。新しい年に起こることを
恐れるのではなく、あなたに信頼することができますように。
アーメン。

恐れをいだくとき
わたしはあなたに依り頼みます。

（詩編 56 編 4 節）

12月30日

初めと終わり

わたしはアルファであり、オメガである。最初の者にして、
最後の者。初めであり、終わりである。
(ヨハネの黙示録 22 章 13 節)

　主よ、この年最後の日が来ました。わたしたちを新しくし、もう一度始める勇気を与えてください。遠くからでも見えるように、わたしたちのうちにある光が輝きますように。わたしたちが、あなたをまだ知らない人たちに対する福音となり、真理を知ろうとする人たちの恵みとなることができますように。

　あなたは初めであり終わりです。わたしたちは被造物、あなたの子どもです。再臨を待つわたしたちに知恵を授け、信仰を強めてください。あなたが世の終わりまでずっと共にいてくださることを、はっきりと知ることができますように。わたしたちの主であり救い主である方の名によって祈ります。アーメン。

　　　　　目覚めよ、竪琴よ、琴よ。
　　　　　わたしは曙を呼び覚まそう。
　　　　　　　　　　　　　　　(詩編 57 編 9 節)

12月31日